天水验方集萃

Tianshui Yanfang Jicui

验方集萃》是一部收集了天水地区常见病
杂症土单验方的中医方集。其按内科、
妇科、儿科和五官科等164种常见病症分类
以科为目，以病统方。共收集了天水地区
中医验方共873首。其中内科369首、外科
妇产科102首、儿科103首、五官科72首。
方中既有常见病、多发病，又有疑难重症

◆《天水验方集萃》编委会

主　任　蒲朝晖

副主任　逯建存

编　委　张玉娥　汤明双　蒲成哲　杨明旺　董壮飞
　　　　袁彦生　何利民　万　平　刘　炜　牛文华

主　编　逯建存

副主编　张玉娥　汤明双　蒲成哲

编　辑　杨明旺　万　平　刘　炜　牛文华　陶明娟

兰州大学出版社

图书在版编目（CIP）数据

天水验方集萃 / 逯建存主编. -- 兰州 : 兰州大学出版社, 2015.2

ISBN 978-7-311-04698-9

Ⅰ. ①天… Ⅱ. ①逯… Ⅲ. ①验方—汇编 Ⅳ. ①R289.5

中国版本图书馆CIP数据核字(2015)第035072号

策划编辑 陈红升
责任编辑 锁晓梅 赵文明
封面设计 张馨月

书　　名	天水验方集萃
作　　者	逯建存 主编
出版发行	兰州大学出版社 （地址：兰州市天水南路222号 730000）
电　　话	0931-8912613（总编办公室） 0931-8617156（营销中心） 0931-8914298（读者服务部）
网　　址	http://www.onbook.com.cn
电子信箱	press@lzu.edu.cn
印　　刷	兰州德辉印刷有限责任公司
开　　本	710 mm×1020 mm 1/16
印　　张	10.75
字　　数	209千
版　　次	2015年2月第1版
印　　次	2015年2月第1次印刷
书　　号	ISBN 978-7-311-04698-9
定　　价	25.00元

（图书若有破损、缺页、掉页可随时与本社联系）

序

蒲朝辉[①]

因为质朴，所以土；因为方简，所以单；因为效显，所以验。中医土单验方，来源于民间，并在乡村邻里及亲友间口口相传，它是劳动人民智慧的结晶，也是祖国医学宝库中非常有价值的知识成果。千百年来，其在民间土壤中生根开花，为人民群众所钟爱，在疗病除疾上发挥了不可替代的作用。

自古以来，许多伟大的医学家都对民间土单验方非常重视，积极发掘整理，并在临床应用中收到了奇异的效果，最为典型的医学家当属清代名医赵学敏，他通过搜集和整理民间走方医的土单验方，整理成册为《串雅内编》《串雅外编》各四卷，为祖国医学留下了宝贵的财富，做出了巨大贡献。时至今日，祖国医学界仁人志士更是不遗余力，深入发掘整理了许多极有价值的土单验方，为传承祖国医学文化贡献了力量。

天水是人文始祖伏羲的诞生地，也曾是炎黄二帝生活的区域，医学风尚古已有之，岐黄之术源远流长，土单验方遍于民间，奇方异单独具特色。天水历代众多的名老中医和民间医生，所总结的优良土单验方俯拾皆是，他们以各种土单验方，奇异方法治病的事例不胜枚举。

逯建存及张玉娥、汤明双、蒲成哲等人用近十年时间，不遗余力，搜集整理了天水及周边地区的土单验方成《天水验方集萃》一书，惠泽社会，功莫大焉。该书土单验方主要来源于两个方面：一是"文革"时期由天水及周边地区各医疗单位医生和乡村赤脚医生捐献的土单验方，二是由各类天水籍作者公开出版或内部发行的医疗书刊杂志搜集而成。可以说，这是一本广采众收、荟萃菁华、具有独特价值的普

①甘肃省名中医，硕士导师，中西医结合内科主任医师，天水市卫生局党委书记、局长。

及性实用书籍。该书中的诸多单方验之于临床有桴鼓之应,这种“简、便、廉、验”的特点也契合了当前医疗卫生服务的实际需要,对治疗一些常见病、多发病将起到积极的作用。

总之,《天水验方集萃》一书,既凝结着地方民间医药文化的智慧,又包含着新一代有识之士的辛勤汗水。该书的结集出版必将对丰富我市医学文化宝库、提高群众身体健康具有积极的参考指导作用。编著者勤于实践,深入民间,去粗取精,十年一剑的敬业精神值得肯定和鼓励。兹值该书出版之际,欣喜援笔,聊写数语,以表志贺!

是为序。

2014年9月

蒲朝辉

前 言

祖国医学博大精深,祖国医籍浩如烟海,土单验方是祖国医学这一伟大宝库中璀璨夺目的明珠,古代许多伟大的医学家整理发掘和临床应用民间土单验方收到了奇异的效果,为祖国医学留下了珍贵的一页。

甘肃天水位居于华夏大地的地理中心,是华夏民族之祖伏羲氏的诞生地,民族文化底蕴相当深厚,民族医学发展蓬蓬勃勃,天水名老中医众多,民间医生以各种土单验方、奇异方法治病的事例不胜枚举。发掘和整理天水及周边地区土单验方并使之留传给后代是我们这一代医学工作者义不容辞的责任。作者仙缘机遇,在一次偶然的机会得到了在当时被人作为垃圾准备丢弃的"文革"时期油印的验方散页,遂如获至宝,下决心搜集整理天水及周边地区的土单验方。在天水市卫生局的直接领导和大力支持下,经过近十年不遗余力,书稿近辏完成。现将书稿的具体情况做一说明:

一、土单验方主要来源于两个方面:一是在"文革"时期由天水及周边地区各医疗单位医生和乡村赤脚医生捐献的土单验方,此一来源约占本书稿的一半;二是由各类由天水籍作者公开出版或内部发行的医药书刊杂志中收集而成。

二、收集到的土单验方的作者或捐献者既有天水市近现代的名老中医如李子高、李鸣泉、蒲仁山、杨仲峰、雷春庭、赵敏斋、徐光棣、黄成福、王宝亭、尹化民、曹光熙、庆松年、郑树仁、胡思九等等;也有在民间有较好声望的老中医如汪润身、徐国良等等;还有在中医学界学术造诣较高的中青年医生如王争胜、李建真等等;另外尚有许多有姓名但不知具体信息的中医药人员,更有大量处方来源由于在油印散页上没有具名而不知贡献者,此实为遗憾之事。

三、本书稿共收集到土单验方836首,其中内科369首,外科190首,妇产科102首,儿科103首,五官科72首。

四、由于作者才陋学浅，对祖国医学的认知仅皮毛而已，难以达到去粗取精，去伪存真，去其糟粕、取其精华的水平。为了不使将精华以糟粕弃之，故将所收集的土单验方尽量收集入稿。故本书稿难免将精华和糟粕混为一谈，希望各位学者对其中谬误之处加以斧正，各位读者在应用本书治疗方法时在医生指导下应用。

五、由于天水名医辈出，民间医生代代相传，故优良的土单验方俯拾皆是，笔者编纂中难免有挂一漏万之憾。笔者将继续收集整理，为以后此类书稿的出版或再版做一筹备，也为天水土单验方这一祖国医学的明珠不被湮没在历史的长河中而能为人类健康尽力做出些许贡献。

诚然，由于各种原因，该书尚难以达到去粗取精，去伪存真，去其糟粕、取其精华的水平，故难免将精华和糟粕混为一谈。但瑕不掩瑜，该书中的诸多单方验之于临床有桴鼓之应，这就希望各位读者可以对之进行辨析，对漏误之处进行批判，对确有疗效的处方推广应用，故本书治疗方法应在临床医生指导下应用。

目 录

第二篇 外 科

第三篇　妇产科

第四篇 儿 科

第五篇　五官科

第一篇 内科

第一章　肺系病证

第一节　感冒

感冒是感受触冒风邪，邪犯卫表而导致的常见外感疾病，临床表现以鼻塞、流涕、喷嚏、咳嗽、头痛、恶寒发热、全身不适、脉浮为其特征。属现代医学流行性感冒，上呼吸道感染等疾病范畴。

第一方

【主治】预防感冒。

【处方】板蓝根18g。

【用法】水煎服，每日1剂，分2次服，连服3天为1疗程。

第二方

【主治】预防感冒。

【处方】葱白9g。

【用法】水煎服，每日1剂，分2次服，连服3天为1疗程。

第三方

【主治】预防感冒。

【处方】葱白。

【用法】榨取鲜汁，滴鼻孔(适量)，每日2次，每次2～3滴。

第四方

【主治】感冒头痛。

【处方】葱白7寸，生姜3片，白糖30g。

【用法】水煎服，发汗即愈。

第五方

【主治】感冒头痛。

【处方】鹅不食草。

【用法】研末，吹入鼻孔内打喷嚏出汗即好。

第六方

【主治】发热恶寒为主，伴有头痛、身痛、流清涕、咳嗽、脉浮而紧、舌苔白者为宜。

【处方】紫苏4.5g,葛根6g,防风4.5g,独活4.5g,陈皮3g,杏仁4.5g,桑皮4.5g,甘草2.1g,生姜1片引。

加减:如口干方中加知母4.5g,喉干或痛加元参6g。

【用法】水煎服,每日1剂,分2次服。

第七方

【主治】头痛恶风,汗出干呕,脉浮缓者。

【处方】桂枝3g,防风4.5g,白芍4.5g,半夏6g,茯苓6g,陈皮3g,柴胡4.5g,甘草2.1g,竹茹2.1g。

【用法】水煎服,每日1剂,分2次服。

第二节　咳嗽

咳嗽是指肺肃失降,肺气上逆作声,咯吐痰涎。一般有声无痰谓之咳,有痰无声谓之嗽,二者合之谓之咳嗽。常见于现代医学中急慢性支气管炎,支气管扩张,慢性咽炎等病。

第一方

【主治】虚劳咳嗽。

【处方】核桃仁,冰糖,童便。

【用法】每日早晨取核桃仁1枚,口内嚼细,用童便冰糖水冲服。

第二方

【主治】久嗽不愈。

【处方】大梨1个,花椒0.6g,川贝母6g,杏仁3g,冰糖3g。

【用法】以上中药除皮外,余捣末。将梨核掏出,内装前药,用麻纸包裹蘸湿,放入热灰内烧熟食子。

第三方

【主治】咳嗽胸痛,痰中有血,胸满气喘。

【处方】生地9g,白茅根9g,焦栀6g,防风6g,三七3g,白芷4.5g,条芩6g,焦芍6g,银柴胡4.5g,藕节9g,淡竹叶少许。

【用法】水煎服,每日3次。

第四方

【主治】咳嗽胸痛,痰中带血。

【处方】生地9g,炙沙参9g,云苓9g,炙桑皮6g,寸冬9g,百部4.5g,天冬6g,知母6g,冬花6g,川贝母4.5g,竹茹3g。

【用法】水煎服,每日3次。

第五方

【主治】阴虚咳嗽。

【处方】白果仁15g,炒苏子9g,川贝母4.5g,白蜂蜜,猪板油。

【用法】以上中药研为细末,蜂蜜、猪油炼合为膏。每日3次,每次1勺,开水调服。

第六方

【主治】感冒咳嗽。

【处方】桂枝3g,杭白药4.5g,炒杏仁4.5g,川朴4.5g,紫菀6g,川贝6g,广陈皮3g,枳壳4.5g,桔梗3g,甘草2.1g,姜枣引。

【用法】水煎服,每日1剂,分2次饭后服。

第七方

【主治】咳嗽。

【处方】炒杏仁4.5g,炙苏叶4.5g,前胡4.5g,姜半夏4.5g,茯苓3g,陈皮3g,炒枳壳4.5g,桔梗3g,粉甘草2.1g,姜枣引。

【用法】水煎服,每日1剂,分2次饭后服。

第八方

【主治】阴虚咳嗽。

【处方】炙麻茸3g,白芍4.5g,细辛1.5g,姜半夏4.5g,五味3g,桂枝3g,粉甘草2.1g,干姜2.1g引。

【用法】每日1剂,分2次饭后服。

第九方

【主治】咳嗽。

【处方】麦冬9g,桔梗4.5g,桑皮6g,清半夏6g,生地9g,五味4.5g,甘草2.1g,竹茹4.5g引。

【用法】水煎服,每日1剂,分2次饭后服。

第十方

【主治】阴虚咳嗽。

【处方】炙沙参9g,麦冬9g,玉竹6g,花粉9g,炒扁豆9g,桑叶9g,甘草2.1g。

【用法】水煎服,每日1剂,分2次饭后服。

第十一方

【主治】虚劳咳嗽。

【处方】紫菀9g,桔梗4.5g,陈皮3g,白前6g,前胡6g,炙百部6g,芥穗4.5g,甘草1.5g。

【用法】水煎服,每日1剂,分2次饭后服。

第十二方

【主治】咳嗽久不愈。

【处方】乌鸡1只，食醋500g。

【用法】将鸡去内脏和鸡毛与醋同煮熟食之。

第十三方

【主治】慢性气管炎。

【处方】生姜汁120g，梨汁120g，萝卜汁120g，蜂蜜120g，童尿120g。

【用法】混合煎熬，每次服10mL，每日3次。

第十四方

【主治】咳嗽，无痰咽痒。

【处方】蜂蜜30g，小磨香油30g。

【用法】先将蜂蜜蒸开或炖开后把油兑上一次服下。

第十五方

【主治】久咳不止，面黄肌瘦。

【处方】杏仁。

【用法】将杏仁煮去皮，用患者本人小便泡过1日后，晒干慢火炒过，不拘多少食之，10日后大有功效。

第十六方

【主治】各种咳嗽。

【处方】麻黄120g，生蜜500g，

【用法】将麻黄先煎2次后，将过滤后之药水再煎剩300mL兑上蜂蜜，再煎数分钟成糖浆。成人每服2条匙小儿酌减。

第十七方

【主治】咳嗽。

【处方】蜂蜜120g，红糖30g。

【用法】以上中药分2次，开水冲服。

第十八方

【主治】咳嗽痰多不利。

【处方】大蒜、杏仁、粑叶（去毛、炙）各等份。

【用法】水煎服。

第十九方

【主治】虚劳咳嗽。

【处方】党参12g，鸡蛋4个。

【用法】先煎党参，将药过滤用药水合包鸡蛋一次服。

第二十方

【主治】年老或当年虚喘力乏及久咳。

【处方】蛤蚧1对，冬虫草12g，白前18g，五味12g，党参18g，川贝12g，夏枯草18g，百合18g。

【用法】以上中药共研为细末，每服6g。

第二十一方

【主治】咳嗽。

【处方】香油30g，羊肝30g。

【用法】用油将羊肝炒熟，入盐少许食之。专治久咳不止。

第三节 喘证

喘证以呼吸困难，甚至张口抬肩、鼻翼翕动，不能平卧为特征者谓之。现代医学中肺炎、喘息性支气管肺炎、肺气肿、肺源性心脏病、心源性哮喘、矽肺等症发生呼吸困难等可归为本证。

第一方

【主治】痰喘。

【处方】霜桑叶30g。

【用法】开水泡当茶饮有效。

第二方

【主治】年老或当年虚喘力乏及久咳。

【处方】蛤蚧1对，冬虫夏草12g，白前18g，党参18g，川贝12g，夏枯草18g，百合18g。

【用法】以上中药共研为细末，每服6g。

第三方

【主治】哮喘。

【处方】桃瓜500g，蜂蜜120g，冰糖2000g。

【用法】桃瓜去仁，装入蜂蜜、冰糖蒸服之。

第四方

【主治】哮喘。

【处方】杏仁20g，蜂蜜20g。

【用法】水煎服。专治多年哮喘。

第五方

【主治】气管炎。

【处方】木鳖子3g,炒桃仁、白胡椒各7粒。

【用法】以上中药混合研细,白皮鸡蛋清调和,贴足心。此时卧床15分钟,两脚放平,贴数次特效。

附注:不可内服。

第四节　哮证

哮病是一种发作性的痰鸣急喘疾患,发作时喉中有哮鸣声,呼吸气促困难,甚则喘息不得平卧。汉张仲景谓之“伏饮”,包括现代医学的支气管哮喘、喘息性支气管炎等部分急性肺部过敏性疾患等。

第一方

【主治】哮吼喘息。

【处方】海螵鞘。

【用法】新瓦上焙干研为细末,成人每服9g,小儿3g,白砂糖调服。

第五节　肺痈

肺痈是肺叶生疮,形成脓痈的一种病症。临床以咳嗽、胸痛、发热、呕吐、腥臭浊痰,甚则脓血相兼为主要特征。属于现代医学的肺脓肿以及肺坏疽、支气管扩张、化脓性肺炎、支气管脓肿、肺结核空洞等伴化脓感染者。

第一方

【主治】肺炎。

【处方】鱼腥草适量。

【用法】鱼腥草加水炖荷包蛋数个,食数次可愈。

第六节　肺痨

肺痨是具有传染性的慢性虚弱疾患,以咳嗽、咯血、潮热、盗汗以及消瘦为重要特征。属于现代医学的肺结核范畴。

第一方

【主治】肺痨。

【处方】羊肺1对,清油120g。

【用法】清油装入羊肺,放锅内煮烂连汤带肺尽量服。

第二方

【主治】肺痨。

【处方】党参12g，鸡蛋4个。

【用法】先煎党参，将药过滤后用药水合包鸡蛋一次服。

第三方

【主治】肺结核，咳嗽吐血。

【处方】生地、熟地、天冬、麦冬、桑皮、红花、杏仁、川贝、知母、芍药、白芷、阿胶、甘草轻症各3g，重症各6g，鸡蛋3个。

【用法】将鸡蛋放在药内外煎5分钟拿出去皮，扎数孔再放药内煎5～6分钟，先吃一个半鸡蛋再喝药，二煎照上服，连服10～40剂有效。

第四方

【主治】肺结核。

【处方】活龟1只。

【用法】用黄泥包龟，暗火慢慢烧焦，焦后去泥、研末制成龟粉，每次3g，开水冲服，服百日即愈。

第五方

【主治】肺结核，咳嗽骨蒸，自汗，盗汗。

【处方】菠菜子150g，黄芪15g，白人参15g，红糖150g。

【用法】用大蒜30头煮熟捣烂，混以以上中药研成细末为丸重6g。每服1丸，每日2～3次。

第六方

【主治】午后潮热盗汗，吐痰带血，胸部时痛。

【处方】当归6g，川芎6g，青皮6g，陈皮6g，法夏6g，贝母6g，杏仁9g，五味子3g，桑皮6g，茯苓6g，甘草6g，冰糖15g。

【用法】水煎服，每日3次。

第七方

【主治】肺结核初期，干咳无痰，胸痛如针刺。

【处方】沙参9g，寸冬6g，天冬6g，半夏4.5g，炙叶6g，川贝4.5g，花粉6g，糯米6g，炙草3g，大枣2枚，竹茹少许。

【用法】水煎服，每日3次。

第八方

【主治】各型肺结核。

【处方】人中白煅。

【用法】研为细末，每早空心开水冲服1.5g，常服有效。

第九方

【主治】肺结核初期，干咳无痰，胸痛如针刺状。

【处方】炙草3g，花粉6g，糯米6g，大枣2枚，竹茹15g。

【用法】水煎服。

第十方

【主治】肺结核。

【处方】当归6g，川芎6g，桑皮9g，青皮6g，陈皮6g，川贝6g，半夏6g，茯苓9g，杏仁6g，五味草6g，冰糖为引。

加减：如咯血加白芨9g，三七3g；如气短口干可加条沙参9g。

【用法】水煎服，每日1剂，分2次用（午后1次，夜间1次）。

第十一方

【主治】肺结核。

【处方】豆腐500g，麻黄7茎。

【用法】用水煮至麻黄发烂为度。去麻黄，食豆腐，每日分3次食完。

第十二方

【主治】肺结核。

【处方】木鳖子6g，二丑7粒，白胡椒7粒，杏仁7粒。

【用法】共为细末，用鸡蛋清调匀。贴于患者心肺部位(男左女右，外用胶布固定)。当晚贴，次日即见效。

附注：忌房事、烟酒、肉、油类、辣椒等，不可内服。

第十三方

【主治】肺结核吐血证。

【处方】桑叶180g，黑芝麻120g，川贝30g，三七15g，阿胶珠21g，百部60g，冬虫草30g，白芨60g，紫河车1个。

【用法】以上中药共研为细末，炼蜜为丸，每丸重9g。早晚各服1丸，开水送服。

第十四方

【主治】肺结核。

【处方】当归、川芎、青皮、桑皮、川贝、甘草、杏仁、茯苓、五味、半夏、陈皮、冰糖各6g。

【用法】水煎服。

第十五方

【主治】肺结核。

【处方】冬果梨。

【用法】四五个去皮、子，加入猪油少许放砂锅内煮熟服，连服半月有效。

第十六方

【主治】劳心吐血。

【处方】糯米15g，莲子7粒。

【用法】水煎，连服数剂。

第七节　胸膜炎

第一方

【主治】胸膜炎。

【处方】桔梗9g，瓜蒌9g，牛子9g，银花9g，茯苓9g，连翘9g，法半夏6g，陈皮6g，木香6g，生草6g，栀子6g，枳壳6g，大腹皮9g，制乳香6g，制没药6g。

【用法】水煎服，每日2次。

第二章　心系病证

第一节　心悸

心悸是指病人自觉心中悸动，惊惕不安，甚则不能自主的一种病症。临床多是发作性，每因情绪波动或劳累过度而发作，日常伴胸闷、气短、失眠、健忘、眩晕、耳鸣等症。病情轻者为惊悸，病情较重者为怔忡，可呈持续性。本病属于现代医学中各种原因引起的心律失常，如心动过速、心动过缓、房颤、房扑、房室传导阻滞、病态窦房结综合征、预激综合征以及心功能不全、心肌炎、部分神经官能症等，以心悸为重症者。

第一方

【主治】思虑过度，神经衰弱，心悸怔忡，烦躁失眠。

【处方】煅龙齿30g，紫石英15g，金箔10张，上朱砂1.5g。

【用法】以上中药共研为细末，每晚睡前服6g。

第二方

【主治】房扑和房颤。

【处方】转律汤：红参3g，丹参、苦参、酸枣仁各30g，琥珀15g(研冲)，车前子20g。

【用法】煎汤，分2～3次服，每日1剂。

第三方

【主治】老年气虚(老年气短)，心悸。

【处方】浮小麦30g，甘草10g，大枣10枚。

【用法】水煎服，每日2次。

第二节　胸痹

胸痹指胸部闷痛、甚则胸痛彻背、喘息不得卧为主的一种疾病。轻者仅感胸闷如窒、呼吸欠畅，重者则胸痛，严重者心痛彻背、背痛彻心。属于现代医学的冠心病范畴。

第一方

【主治】心肌梗塞。

【处方】田七末3g。

【用法】冲服，止痛有效。

第二方

【主治】心肌梗塞。

【处方】黄芪15g，丹参20g，当归10g，三七10g，五味子3g，红参3g。

加减：持续胸痛加郁金10g，心悸加龙骨30g(先煎)。

【用法】水煎服，每日2次。

第三方

【主治】心绞痛。

【处方】瓜蒌30g，薤白10g，法半夏9g。

【用法】水煎服，每日2次。

第三节　不寐

不寐是以经常不能获得正常睡眠为特征的一类病症，主要表现为睡眠时间和深度的不足。轻者入睡困难，或寐而不酣、时寐时醒，或醒后不能再寐；重则彻夜不寐。属于现代医学的神经官能症、更年期综合征、动脉粥样硬化症等疾病的范畴。

第一方

【主治】失眠。

【处方】葱头3个(不用葱胡子)，白糖适量。

【用法】水煎服。

第二方

【主治】失眠，头痛，乏力(神经衰弱)。

【处方】柴胡15g，黄连6g，干姜6g，半夏9g，茯苓20g，大枣10g，厚朴12g，党参9g，生龙齿20g，生龙骨20g，浮小麦30g，炙甘草6g，枳壳12g，山药18g，五味子6g，神曲9g，朱砂6g(另包)，琥珀6g(另包)。

【用法】水煎服。将朱砂及琥珀混合，分8包。每次冲服1包，每日2次。

第三方

【主治】失眠。

【处方】夜交藤15g，辰砂3g(研末)，当归15g，枣仁15g，远志肉9g。

【用法】水煎温服，辰砂分2次冲服。

第四方

【主治】失眠特甚者。

【处方】川连6g，栀子9g，猪苦胆1个。

【用法】川连、栀子共为细末，分为3份，猪胆汁亦作3份。每次各1份，开水送下，每夜服1次，药尽病除。

第五方

【主治】失眠症伴有头痛者，用此方效果明显。

【处方】大枣14枚（煨焦），川乌1.5g，草乌1.5g，制半夏9g。

【用法】水3盏煎至1盏，睡前炖服。

附注：川乌、草乌治一切风症头痛以及鼻渊、耳鸣、喉痹、齿痛所引起的头痛。

第六方

【主治】神经衰弱，头昏体倦，心烦失眠。

【处方】党参60g，元参30g，丹参30g，生地30g，天冬21g，寸冬21g，柏仁30g，远志15g，茯苓21g，当归30g，五味子15g，杭芍30g，龙齿15g，天麻12g，石决明15g。

【用法】以上中药共研为细末蜜丸，每丸6g，每服1丸，临睡时服。

第七方

【主治】失眠。

【处方】生地30g，生栀子9g，生龙骨15g，朱茯神15g，远志6g，黄连1.5g。加减：如大便干加大云15g，火麻仁15g。

【用法】水煎服特效。

第八方

【主治】失眠。

【处方】芝麻油50g，白面（食用面粉）50g。

【用法】将芝麻油和面粉加水1碗，煮成糊状搅百下，搅至水油不分，加白糖20g，每日空心服1碗，7日即愈。

第九方

【主治】多梦。

【处方】生地9g，当归9g，红花9g，牛膝9g，枳壳6g，赤芍6g，甘草6g，桔梗9g，川芎6g，桃仁12g。

【用法】水煎服，服数剂可安然入睡而梦少。

第四节　健忘

健忘是指记忆力减退，遇事善忘的一种病症。多见于现代医学之神经衰弱、神经官能症、脑动脉硬化等疾病。

第一方

【主治】用脑过度，健忘。

【处方】龟板30g，龙骨25g，远志10g，菖蒲10g。

【用法】水煎服。

第五节　癫狂

癫狂为临床常见的精神失常疾病。癫病以精神抑郁、表情淡漠、沉默痴呆、语无伦次、静而多喜为特征。狂症以精神亢奋、狂躁不安、喧扰不宁、骂詈毁物、动而多努为特征。属现代医学之精神分裂症、躁狂抑郁症范畴。

第一方

【主治】痰迷心窍，甚至错乱。

【处方】甘遂9g，猪心血（拌匀），朱砂3g（水飞）。

【用法】猪心熬汤，空心送下，以泻下恶物为度，不泻再服。

第二方

【主治】癫症。

【处方】肥皂角子。

【用法】去黑皮用仁，焙干研细末。每服1.5g，空心白开水送下，每日1次，连续服用数次。

第三方

【主治】神经错乱，时哭时笑，语无伦次，神志不清。

【处方】胆南星9g，半夏15g，炒枳实15g，石菖蒲15g，白薇9g，朱茯神15g，元明粉9g，朱寸冬9g，酒军15g。用药后症状不减轻者，酒军可加至30g；病严重者可加蜈蚣2.1g，犀角2.1g。

【用法】水煎服。

附注：身体虚弱及孕妇禁服此方。

第四方

【主治】一切癫狂症状。

【处方】白矾90g，川郁金210g。

【用法】以上中药共研为细末，薄荷汤调糊为丸，每丸重1.5g。每日空心姜汤送服2丸。

第五方

【主治】癫狂烦躁，神志恍惚。

【处方】莲藕15g，磁石6g，朱砂3g，建曲4.5g，勾藤4.5g，生地9g，元参9g，寸冬9g，胆南星3g，生铁落15g，半夏6g，茯神6g。

【用法】水煎服3次。

第六方

【主治】癫狂不安，神志不清。

【处方】生地15g，元参9g，酒连4.5g，郁金4.5g，明矾3g，菖蒲4.5g，大黄15g，紫石英3g，木通3g，芦荟3g，柏子仁9g，炒枣仁9g，生甘草2.1g。

【用法】水煎服，以泻为度。

第七方

【主治】癫狂。

【处方】荆芥、防风、藿香、路路通、木瓜各等份，黄酒为引。

【用法】水煎早晚服。

第六节 痫证

痫证是一种反复发作神志异常的病症。临床以突然意识丧失，甚则扑倒、不省人事、强直抽搐、口吐白沫、两目上视或口中惊叫、移时苏醒、一如常人为特征。本病属现代医学的癫痫范畴。

第一方

【主治】痫证。

【处方】当归8g，赤芍8g，柴胡6g，茯苓6g，白术6g，合欢皮6g，郁金10g，枯矾3g，焦枣仁6g，川芎6g，丹参10g，僵蚕6g，天麻2g，白附子6g，钩藤4g，胆南星6g，天竺黄5g，甘草3g，琥珀2g，大黄2g。

加减：若间歇期脾虚、纳差、乏力加党参去大黄调理；若肝火盛者加黄芩、栀子、龙胆草。

【用法】配成散剂装入胶囊，每次4g约8粒，每日2次。

附注：此方主要用于治疗癫痫病。

第二方

【主治】痫证。

【处方】壁虎1条（新瓦上焙干研细），鸡蛋1个。

【用法】将鸡蛋打一小孔，装入壁虎末，用纸糊上孔，蒸熟每天吃1个。

第三方

【主治】癫痫，惊悸怔忡。

【处方】胆南星3g，朱砂9g，琥珀9g，牛黄15g，珍珠3g，麝香少许，金箔3g。

【用法】以上中药共研为细末，炼蜜为桐子大丸，朱灯芯、薄荷煎汤送下。

第四方

【主治】羊癫疯。

【处方】海螵蛸3g，皂矾3g，银粉3g，朱砂9g。

【用法】以上中药共研为细末，每服3g，开水送下。

第五方

【主治】癫痫。

【处方】柴胡20g，黄芩15g，半夏15g，党参15g，桂枝10g，白芍20g，石黄蒲20g，胆南星15g，枳实10g，陈皮15g，黄芩15g，远志15g，地龙20g，天竺黄15g，黄芪30g，当归6g，丹参30g，全蝎6g，僵蚕6g，生龙骨30g，生牡蛎30g，白术20g，炙甘草5g，天麻20g，钩藤15g，川芎15g，紫河车1个。

【用法】以上中药研末，每次3～6g，每日3次，儿童酌减。

第六方

【主治】癫痫。

【处方】茵陈（去根）适量。

【用法】用500g红糖拌茵陈蒸熟吃，吃数日可去病根。

第七方

【主治】癫痫。

【处方】木耳90g，丁香9g，乳香9g，茯苓9g，螃蟹1个。

【用法】共研为细末，每日服1汤匙，黄酒冲服。

第八方

【主治】癫痫。

【处方】白附子(制)15g，炒半夏60g，猪牙皂60g，制南星30g，白矾30g，乌蛇30g，全蝎6g，蜈蚣半条，僵蚕4.5g，雄黄4.5g，麝香0.18g。

【用法】共研为细末，水丸加滑石粉75g、朱砂7.5g为衣。每服6g，日服2次，孕妇忌服。

第九方

【主治】癫痫。

【处方】制川乌6g，蜈蚣6条，全蝎15g，炒半夏15g，胆南星9g，僵蚕15g，皂角9g，雄黄3g，菖蒲15g，铁落粉18g，白附子18g，生白矾15g。

【用法】共研为细末，姜汁糊为丸，如桐子大，朱砂为衣。成人每服15丸，日服3次，饭后开水冲服。

第七节　厥证

厥证是以突然昏倒、不省人事、四肢逆冷为主要临床表现的一种病症。属现代医学中多种原因所致之晕厥，如癔症、高血压脑病、脑血管痉挛、低血糖、出血性或心源性休克等。

第一方

【主治】中风痰厥,不省人事。

【处方】牙皂 3g,藜芦 9g,细辛 1.5g。

【用法】以水 10分,煎至3分徐徐灌下。

第三章 脾胃病证

第一节 胃痛

胃痛,是以上腹胃脘部近心窝处疼痛为主症的病症。常见于现代医学中急性胃炎、慢性胃炎、消化性溃疡、功能性消化不良、胃黏膜脱垂等病。以上腹部疼痛为重要症状者。

第一方

【主治】胃溃疡。

【处方】狼毒30g,附子9g,拣砂4.5g。

【用法】以上中药研末,炼蜜为丸,如桐子大,每服3丸,姜汤送下。

第二方

【主治】中满胃酸,舌白不思食,腹胀时疼,精神困倦。

【处方】姜半夏6g,青皮3g,茯苓9g,制香附9g,紫蔻仁3g,莱菔子4.5,上油朴6g,台乌4.5g,木香3g,干姜1.5g。

【用法】水煎服。

第三方

【主治】口苦舌黄,胃沉少食,腹胀时疼,精神困倦,大便秘结。

【处方】凉黄6g,川朴6g,枳实4.5g,赤苓6g,制香附9g,赤芍4.5g,青皮4.5g,元明粉6g。

【用法】水煎食前温服。

第四方

【主治】胃痛吐水。

【处方】木香6g,二丑6g,灵脂9g,玉片6g,沉香3g。

【用法】水煎,分2次服。

第五方

【主治】胃出血。

【处方】川贝母30g,阿胶90g,三七15g,白芨15g。

【用法】以上中药共研为细末,每次3～6g,每日3次,饭前服。

第六方

【主治】胃痛出血。

【处方】乌梅3枚,大枣7个,干姜9g。

【用法】以上中药研末,用酒或醋送下。

第七方

【主治】虚性胃痛。

【处方】台乌药9g,百合15g,东楂9g,砂仁6g。

【用法】水煎温服。

第八方

【主治】急性胃痛。

【处方】草果仁4.5g,五灵脂6g,元胡4.5g,吴茱萸6g,没药6g,良姜4.5g,木香3g,东楂6g。

【用法】水煎服。

第九方

【主治】胃痉挛。

【处方】元胡9g,桃仁4.5g,香附4.5g,广木香4.5g,乳香4.5g,没药4.5g,五灵脂4.5g,砂4.5g,吴茱萸4.5g。

【用法】水煎服。

第十方

【主治】胃寒疼。

【处方】丁香、官桂、良姜、木香、炙草各等份。

【用法】水煎服。

第十一方

【主治】气郁及寒热胃痛。

【处方】制香附9g,良姜6g,焦栀4.5g,没药6g,丹参9g。

【用法】水煎温服。

第十二方

【主治】胃痛心下如盘,舌苔青白,不进饮食,腹泻。

【处方】炒白术9g,枳实4.5g,广木香1.5g,公丁香4.5g,云苓9g,泽泻10.5g,元桂3g,附子4.5g,腹皮4.5g,紫朴4.5g,焦芍6g,上沉香1.2g(为末)。

【用法】水煎温服,沉香末分2次冲服。

第十三方

【主治】肝胃气痛。

【处方】良姜9g,香附9g,灵脂9g,丁香9g,木香6g,元胡9g。

【用法】以上中药共研为细末，每服9g，姜汤送下。

第十四方

【主治】虚冷胃气疼痛。

【处方】炙艾叶，香附子。

【用法】共研为末醋糊为丸，每服6g，黄酒冲服。

第十五方

【主治】壮年之人，食滞胃痛。

【处方】川朴6g，槟榔6g，枳实4.5g，东楂9g，二丑6g，三棱4.5g，莪术9g，酒军9g，建曲6g，莱菔子4.5g。

【用法】水煎服。

第十六方

【主治】胃脘疼痛。

【处方】牙皂9g(烧灰存性)。

【用法】研细末，每服3g，烧酒送下。

第十七方

【主治】消化不良。

【处方】黑豆汤，焦三仙15g。

【用法】水煎服，连服10天有效。

第十八方

【主治】消化不良。

【处方】大蒜、木香、厚朴、神曲各等份。

【用法】水煎服。

第十九方

【主治】消化不良。

【处方】鸡内金6g。

【用法】炒黄研细末。成人每天1服，小儿酌减，连续3～4服有效。

第二十方

【主治】消化不良。

【处方】元明粉6g。

【用法】水煎食前温服。

第二十一方

【主治】急性胃炎。

【处方】生、熟大黄各9g，生山楂9g。

【用法】水煎服。

第二十二方

【主治】胃酸过多胃空痛。

【处方】大枣500g(笼蒸熟)。

【用法】用食油将枣炸焦顺便食。

第二十三方

【主治】胃和十二指肠溃疡。

【处方】黄连6g,阿胶9g,黄芩9g,鸡蛋1个,杭芍9g,炙草9g,柴胡9g。

加减:出血者加茜草9g,三七3g;痛甚者加乳香12g,灵脂9g,蒲黄6g;吐酸水者加牡蛎15g;贫血者加当归9g,黄芪30g。

【用法】水煎2次,早晚服甚效。

第二十四方

【主治】胃病(见食就痛食和更痛)。

【处方】麻线7个,陈胡桃7个。

【用法】将麻线研细末用胡桃仁做成7丸,每天服1丸服后发吐,持续服3丸后可好,好后用鸽子1个,去头、毛、内脏连骨带肉共捣为泥蒸熟食。

第二十五方

【主治】胃酸过多胃空痛。

【处方】大枣500g(去皮核),加上3%的老墙房砖缝陈石灰(研末)。

【用法】用枣肉做丸,每丸重9g,早晚空心各服1丸特效。

第二十六方

【主治】心口痛。

【处方】白兔耳朵1对。

【用法】放在新瓦上用火焙干研细末,黄酒送下即好。如不好者再服1对。

第二十七方

【主治】胃寒作痛。

【处方】白胡椒9粒(选粒圆的)。

【用法】捣细末,用烧酒60g和红糖15g放在酒内温热冲服甚效。

第二十八方

【主治】胃痛。

【处方】乌贼骨15g,浙贝9g,枳壳6g,茯苓9g,陈皮9g,木香4.5g,炒半夏6g,白术6g,丹参9g,生甘草4.5g,生姜4.5g,沉香3g。

【用法】水煎服,每日1剂,每剂加朱砂末0.12g,分2次冲服。

第二十九方

【主治】胃癌。

【处方】潞参9g，当归9g，知母6g，姜半夏7.5g，天冬9g，苁蓉9g，生桃仁9g，鸡内金6g，川军3g，芒硝3g，蜈蚣3条。

【用法】将蜈蚣用文火烤黄勿焦，入汤药内煎服。每日1剂，分2次服。

第三十方

【主治】胃癌。

【处方】白花蛇草150g，白茅根120g，白糖适量。

【用法】水煎服，每日1剂，分2次服。

第三十一方

【主治】胃痛。

【处方】赭石15g，丹参9g，当归6g，寸冬9g，半夏9g，枳壳6g，鸡内金6g，炒大黄7.5 g，甘草3.5g。

加减：如气短加黄芪15g。

【用法】水煎服，每日1剂，分2次服。

第三十二方

【主治】胃痛，吐酸水。

【处方】浙贝母20g，乌贼骨20g。

【用法】以上中药混合研细，每次6g，开水冲服。

第三十三方

【主治】胃癌。

【处方】半枝莲30g，白茅根30g。

【用法】水煎当茶饮。

第三十四方

【主治】胃痛。

【处方】党参6g，焦白术6g，茯苓9g，陈皮3g，炒半夏6g，制香附6g，砂仁3g，甘草2.1g。

【用法】水煎服，每日1剂，分2次服。

第三十五方

【主治】胃痛。

【处方】制附片2.1g(先用开水煎30分钟)，党参6g，白术6g，干姜2.1g，白茯苓2.1g，吴芋2.1g，台乌6g，甘草2.1g，制香附9g。

【用法】水煎服，每日1剂，分2次服。

第三十六方

【主治】胃痛(脘腹胀痛、暖气、泛酸、两胁作痛)。

【处方】制香附9g，郁金4.5g，柴胡4.5g，佛手4.5g，枳壳4.5g，川楝子9g，焦栀仁

3g，杭白芍6g，川朴6g，生甘草2.1g，川芎2.1g，瓦楞6g。

【用法】水煎服，每日1剂，分2次服。

第三十七方

【主治】胃痛。

【处方】青皮4.5g，陈皮4.5g，白芍6g，丹皮4.5g，焦栀4.5g，泽泻4.5g，浙贝6g，川楝子9g，黄连2.1g，瓦楞9g。

【用法】水煎服，每日1剂，分2次服。

第三十八方

【主治】胃痛（胃脘刺痛，拒按或痛引背部，或见黑便，舌有瘀斑，脉细涩者）。

【处方】蒲黄9g（包煎），五灵脂4.5g，制香附9g，三七2.1g，当归4.5g，川芎2.1g，白芍6g，郁金4.5g，桃仁9g，红花4.5g，台乌6g，煨生地9g，甘草2.1g。

【用法】水煎服，每日1剂，分2次服。

第三十九方

【主治】胃溃疡。

【处方】乌贼骨15g，浙贝9g，枳壳6g，茯苓9g，陈皮9g，木香4.5g，炒半夏6g，白术6g，党参9g，生甘草4.5g，生姜4.5g，沉香3g。

【用法】水煎服，每日1剂，每剂加朱砂末0.12g，分2次冲服。

第四十方

【主治】心口痛。

【处方】八角香6g，乌头6g。

【用法】水煎服，每日2次。

第二节　腹痛

腹痛是指胃脘以下、耻骨毛际以上部位发生疼痛为主症的病症。常见于现代医学中的肠易激综合征、消化不良、胃肠痉挛、不完全性肠梗阻、肠粘连、肠系膜和腹膜病变、泌尿系结石、急慢性胰腺炎、肠道寄生虫等病。

第一方

【主治】急性胰腺炎。

【处方】大黄60g。

【用法】煎汤灌肠，每日3次。

第二方

【主治】急性胰腺炎。

【处方】大柴胡汤：柴胡、黄芩、半夏、大黄、枳实、白芍各等份。

【用法】煎汤灌肠，每日4次。

第三方

【主治】急性胰腺炎。

【处方】番泻叶15g。

【用法】煎汤灌肠，每日3次。

第四方

【主治】急性胰腺炎。

【处方】选用足三里、中脘、巨厥、内关、脾俞、胃俞等穴位。

【用法】针刺。

第五方

【主治】胆道蛔虫病。

【处方】食醋疗法（有安蛔止痛作用）。

【用法】食醋60g加入花椒少许，加热煮开，除掉花椒后顿服。

第六方

【主治】胆道蛔虫病。

【处方】足三里，阳陵泉，太冲，内关，胆俞等穴位。

【用法】用泻法针刺。

第七方

【主治】腹痛（畏寒症）。

【处方】川椒9g。

【用法】水煎服，立即止痛。

第三节　噎膈

噎膈是指吞咽食物哽咽不顺，饮食难下或纳而复出的疾患。常见于现代医学中的食道癌、贲门癌、贲门痉挛、食道贲门失弛缓症、食管憩室、食道炎、食道痉挛、胃神经官能症等。

第一方

【主治】噎嗝。

【处方】粪中蛆。

【用法】将蛆洗净，焙干研末，黄酒送下。

第二方

【主治】噎嗝。

【处方】青瓷器（碾极细末）。

【用法】每服3g，红糖水送下，连服3日。

第三方

【主治】噎食反胃。

【处方】五灵脂9g，广木香6g，元胡4.5g，台乌6g，东楂9g。

【用法】水煎服，连服数剂。

第四方

【主治】食道炎。

【处方】木炭50g，红枣7个。

【用法】将红枣用水煮煎后，将木炭烧红放于枣水中，加少量蜂蜜及白糖服之，7天即愈。

第四节　呕吐

呕吐是指胃失和降，气逆于上，迫使胃中之物从口中吐出的一种病症。本证常见于现代医学的多种疾病之中，如神经性呕吐、急性胃炎、心源性呕吐、胃黏膜脱垂症、幽门痉挛、幽门梗阻、贲门痉挛、十二指肠淤壅积症等。也可见于肠梗阻、急性胰腺炎、急性胆囊炎、尿毒症、颅脑损伤等。

第一方

【主治】神经性呕吐。

【处方】花椒1份，生姜3g，乌梅6g。

【用法】水煎温服。

第五节　泄泻

泄泻是以排便次数增多，粪质稀溏或完谷不化甚至泻出如水样为主症的病证。常见于现代医学中急性肠炎、炎痉性肠病、肠易激综合征、吸收不良综合征、肠道肿瘤、肠结核等。

第一方

【主治】久泻不止。

【处方】猪腰子1个，骨碎补（研末）。

【用法】将猪腰子劈开，骨碎补末填于其中，煨熟食之。

第二方

【主治】腹痛泄泻。

【处方】怀山药30g,黑车前9g。

【用法】将怀山药研细末,用车前子煎水冲服,分2次服。

第三方

【主治】大便泄泻。

【处方】焦苍术6g,白芍9g,川厚朴4.5g,炒泽泻4.5g,姜连1.5g,柿楴3枚。

【用法】水煎食前服。

第四方

【主治】老人虚泻。

【处方】大党参9g,白术6g,茯苓9g,粟壳9g,石榴皮1.5g,肉蔻仁21g。

【用法】水煎服,连服3剂。

第五方

【主治】水泻。

【处方】白术9g,猪苓4.5g,泽泻4.5g,干姜3g,煨大枣3枚,白芍15g,石榴皮引。

【用法】水煎服2剂。

第六方

【主治】腹泻。

【处方】西砂头3g(研末)。

【用法】开水冲服有效。

第七方

【主治】上吐下泻。

【处方】大蒜1头,雄黄12g。

【用法】先捣为泥,开水送下。

第八方

【主治】干霍乱(腹痛,恶心欲吐不得,欲泻不能)。

【处方】桂枝、白术、茯苓、泽泻、猪苓、滑石、寒水石、石膏各等份。

【用法】水煎服。

第九方

【主治】慢性腹泻。

【处方】党参9~12g,白术15g,干姜6~9g,甘草6g。

【用法】水煎服,每日2次。

第十方

【主治】霍乱。

【处方】藿香9g,丁香9g,广木香4.5g,沉香4.5g,肉桂6g,腹皮9g,川朴9g,苍术9g,茯苓9g,扁豆9g,车前子9g,炙草4.5g,半夏9g,生姜6g。

加减:不吐去半夏,不泻去扁豆,转筋加木瓜。

【用法】水煎服。

第十一方

【主治】水泻方。

【处方】炒白术20g,焦楂肉9g,车前子(另包),生姜3～5g。

【用法】水煎2次,兑匀分服,小儿酌减。

附注:服药期间忌食生冷油腻食物。

第十二方

【主治】便溏(大便清浠)。

【处方】炒白术15g,车前子15g。

【用法】水煎服,每日2次。

第六节 痢疾

痢疾以大便次数增多,腹痛、里急后重、痢下赤白粘冻为主症,是夏秋季节常见的肠道传染病。常见于现代医学中的细菌性痢疾、阿米巴痢疾、各型结肠炎、细菌性食物中毒等出现痢疾症状者,也可参照治疗。

第一方

【主治】下痢纯血。

【处方】焦茅根3g,地榆尖15g,茶叶9g。

【用法】水煎服。

第二方

【主治】阿米巴痢疾。

【处方】马齿苋3g,贯众9g。

【用法】水煎服。

第三方

【主治】赤白痢疾。

【处方】黄连6g,栀子6g,当归6g,白芍4.5g,玉片6g,川朴15g,地榆4.5g,柏子仁3g,红花3g,生草3g,生姜引。

【用法】水煎服。

第四方

【主治】红白痢疾。

【处方】生萝卜1个,生蜂蜜30g。

【用法】将萝卜切碎与蜂蜜拌匀食之。

第五方

【主治】五色痢。

【处方】黄连3g,乌梅3g,黄柏3g,干姜2.1g,阿胶6g,当归4.5g,白小米1撮。

【用法】水煎服。

第六方

【主治】血痢。

【处方】大黄9g,川朴9g,陈皮3g,枳壳4.5g。

【用法】水煎服。

第七方

【主治】痢疾。

【处方】苦参9g,木香3g,甘草9g。

【用法】水煎服。

第八方

【主治】白痢。

【处方】生黄芪9g,防风4.5g,陈皮6g,枳壳4.5g。

【用法】水煎服。

第九方

【主治】疫毒痢。

【处方】白头翁9g,黄连3g,黄柏3g,秦皮6g,银花6g,赤芍6g,地榆6g,丹皮4.5g,甘草1.5g。

【用法】水煎服,每日1剂,分2次服。

第十方

【主治】红白痢疾。

【处方】白酒,红糖,白糖。

【用法】好白酒50mL倒入碗内,加红糖及白糖各15g,放火点着,等快灭时,用半碗凉开水冲沏喝下,多数患者服1次即愈。

第十一方

【主治】痢疾。

【处方】东山楂15g,白糖15g。

【用法】水煎服。

第十二方

【主治】痢疾。

【处方】酸芍芍、白糖各等份。

【用法】每服4g,每日2次。

第十三方

【主治】红白痢。

【处方】白萝卜汁1碗。

【用法】兑上红、白糖煎开服之。

第十四方

【主治】腹痛下坠里急后重。

【处方】焦楂15g,萝卜子15g,槟榔15g,广木香4.5g,白头翁9g,乌梅3个(去核),胡连2.4g,红、白糖引。

加减:血多者加银花、地榆炭;噤口痢加川朴、枳壳;妇女加当归、白芍。

【用法】水煎2服,早晚空心服,连服2～3剂愈。

第十五方

【主治】痢疾。

【处方】东山楂3g(生熟各半),红、白糖3g。

【用法】水煎服。

第十六方

【主治】痢疾。

【处方】银花9g,苦参3g,白痢用红糖、红痢用白糖为引。

【用法】水煎服。

第十七方

【主治】痢疾。

【处方】芝麻酱3g,红、白糖15g。

【用法】将糖用开水化开,冲服芝麻酱,一次服下。

第十八方

【主治】红白痢疾。

【处方】马鞭草3g,白糖为引。

【用法】水煎服。

第十九方

【主治】红白痢。

【处方】红、白糖各等份。

加减:血多者加银花、地榆炭,噤口痢加川朴、枳壳,妇女加当归、白芍。

【用法】水煎2服,早晚空心服,连服2～3剂愈。

第二十方

【主治】痢疾。

【处方】白头翁9～12g，黄连6～9g，黄柏9～12g，秦皮6～9g，甘草3g。

【用法】水煎服，每日2次。

第二十一方

【主治】痢疾（清热利湿，辅以行气止痛，为湿热痢用方）。

【处方】葛根6g，黄芩4.5g，黄连2.1g，木香2.1g，当归3g，玉片4.5g，川朴6g，枳壳4.5g，大黄4.5g，甘草2.1g。

【用法】水煎服，每日1剂，分2次服。

第七节　便秘

便秘是指粪便在肠内滞留过久，秘结不通，排便周期延长，或周期不长，但粪质干结，排除困难，或粪质不硬，虽有便意，但便而不畅的病症。本证类似于现代医学的功能性便秘。其他各类疾患引起的便秘，也可参照治疗。

第一方

【主治】老年便秘。

【处方】番泻叶6g，何首乌9g。

【用法】水煎服。

第二方

【主治】大便不通。

【处方】可郎（即屎巴牛）1个。

【用法】焙黄研为末，开水送下即效。

第三方

【主治】大便7天不通。

【处方】白矾少许。

【用法】用开水化之，在患者脐窝滴7～8滴。

第四方

【主治】便秘。

【处方】牙皂末，大葱白1根。

【用法】蜂蜜少许和牙皂末为丸。将上丸置葱白头塞入肛门内，10分钟即下。

第四章　肝胆病证

第一节　胁痛

胁痛是指以一侧或两侧胁肋部疼痛为主要表现的病症。常见于现代医学中各型肝炎、胆囊炎、胆系结石、胆道蛔虫病、肋间神经痛等。

第一方

【主治】胆结石。

【处方】茵陈15g,枳壳6g,木香4.5g,大黄6g,黄芩6g,黄柏6g,竹茹引。

【用法】水煎服,每日1剂,分2次服。

第二方

【主治】左胁疼痛,肝气郁结。

【处方】广木香3g,炒枳壳4.5g,赤苓9g,台乌3g,沉香3g,生白芍9g,川郁金3g,青皮3g,砂仁3g,没药3g。

【用法】水煎服。

第三方

【主治】左胁疼痛。

【处方】柴胡6g,青皮4.5g,广皮4.5g,醋香附6g,枳壳4.5g,川芎3g,赤芍3g,广木香2.1g,生甘草2.1g。

【用法】水煎服。

第四方

【主治】右胁痛。

【处方】瓜蒌9g,红花4.5g,枳壳4.5g,桔梗4.5g,粉草2.1g,香附6g,没药3g,郁金4.5g,陈皮4.5g。

【用法】水煎服,分2次服。

第二节　黄疸

黄疸是以目黄、身黄、小便黄为主症的一种病症。其中以目睛黄染为本病的重要特征。常见于现代医学的各型肝炎、肝硬化、胆囊炎、胆结石、钩端螺旋体病、蚕豆黄及某些消化系统肿瘤等疾病。

第一方

【主治】黄疸。

【处方】苦丁香(即甜瓜梯)3g。

【用法】研细末,吸研末于鼻孔中,待喷嚏后即流出黄水。

第二方

【主治】发热烦躁,面目肢体俱黄,尿色浓黄。

【处方】茵陈9g,柏子仁4.5g,焦黄柏4.5g,粉丹皮4.5g,猪苓9g,苍术6g,桂枝1.5g,甘草2.1g,生姜1片。

【用法】水煎服。

第三方

【主治】黄疸。

【处方】茵陈9g,黄菊花9g,桃仁6g,胡椒6g,皂矾9g,花椒6g,姜片6g,红枣9g。

【用法】以上中药研为末,炼蜜为丸,重9g,每日1次,每次1丸,醋汤送下。

第四方

【主治】黄疸。

【处方】菜油15g,猪胆1个。

【用法】菜油熬熟后,将胆汁放入其中服之。

第五方

【主治】黄疸。

【处方】大枣12g,茵陈6g。

【用法】以上中药一起熬煮,枣熟为止。去茵陈,吃枣喝汤。

第六方

【主治】胆石症或堵塞性黄疸病。

【处方】川郁金15g,芒硝3g,枯矾4.5g,茯苓15g。

【用法】以上中药共研为细末,煮小米饭取汁,调和为丸,如卢豆大。每日3次,每服20丸,饭后服。若为堵塞性黄疸,用茵陈9g煎水送服。

第七方

【主治】黄疸。

【处方】鲜鸡蛋、皂矾末、胆汁适量。

【用法】将鸡蛋煮熟切开除去蛋白,将蛋黄、皂矾末、胆汁共拌匀晒干,以大枣、茵陈为引。空心服下,连服3～5天。

第八方

【主治】肝炎。

【处方】老鳖1个，绿豆50g。

【用法】将老鳖及绿豆加水炖熟，食用半月自愈。

第三节　鼓胀

鼓胀是指腹部胀大如鼓的一类病症。临床以腹部胀满，绷急如鼓、皮色苍黄、脉络显露为特征。属现代医学中的肝硬化、腹水及其他疾病符合鼓胀特征者。

第一方

【主治】鼓胀。

【处方】山楂、槟榔、乌梅各10个，红枣7个，糠谷老1个，莲子7个，麻黄6g，马蜂窝1个，萝卜头1个，远年鼓皮9g，黄连6g，薄荷6g，扫帚子9g，霜打葫芦1个，王瓜皮9g，冬瓜皮9g，白蜂蜜15g，甘草6g，黄酒500g。

【用法】以上中药同入砂锅内煎汤，日饮3～4碗尿多肿消。

第二方

【主治】鼓胀。

【处方】陈葫芦1个，大腹皮9g，炒山药3g。

【用法】水煎分3次服。

第三方

【主治】单腹胀。

【处方】厚朴15g，玉片15g，广木香9g，枳壳9g，甘遂6g，大戟6g，陈皮9g，青皮9g，姜枣3g。

【用法】水煎服。

第四方

【主治】气鼓。

【处方】陈葫芦1个，莲子(烧灰)、莱菔子各15g，上油朴12g，槟榔12g，拣砂仁9g。

【用法】以上中药共研细末，每早空心黄酒冲服6g。

第五方

【主治】气鼓。

【处方】葫芦巴9g，川厚朴6g，莱菔子4.5g，炒扁豆9g，川花椒1.5g。

【用法】水煎服。

第六方

【主治】腹鼓胀。

【处方】猪肚子1副，拣砂9g，白蔻9g，广木香6g，槟榔9g。男性加蒜1头，女性加葱白7寸。

【用法】将以上中药装入猪肚内扎口，用新砂锅煎好，分作四五日服用，连汤全食。

第七方

【主治】腹水。

【处方】蜂房9g，旱防己6g。

【用法】共为细末，每服6g，开水送下。

第八方

【主治】腹水，水肿。

【处方】大麦须60g，茯苓30g，白术60g，赤小豆9g，二丑4.5g，甘遂3g。

【用法】水煎服。

第九方

【主治】腹水。

【处方】车前子3g，茯苓6g，王不留行15g，元桂0.9g，赤豆9g。

【用法】水煎服。

第十方

【主治】腹水。

【处方】拣砂6g，白术6g，琥珀9g，元桂4.5g，茯苓皮30g，猪苓15g，二丑6g，茯苓9g，腹皮9g，桑皮4.5g，生姜片4.5g，巴戟9g，甘草3g。

【用法】水煎服。

第十一方

【主治】腹水。

【处方】商陆12g，甘遂9g，神曲16.5g，胡桃15g，朱砂9g，巴霜15g。

【用法】将荞面做成馒头，将商陆、甘遂、神曲3味药裹入馒头内，置炭火中煨至嫩黄色、馒头坚硬为度。取出商陆、甘遂、神曲晒干共为末，再与胡桃、朱砂、巴霜研末和匀，炼蜜为丸，如豌豆大。每服10～15粒。

第十二方

【主治】腹水。

【处方】虚梗萝卜(结过萝卜子的萝卜)250g。

【用法】将萝卜加水煮熟后，连汤和萝卜吃下。疗效灵验。

第四节　积聚

积聚是腹内结块，或痛或胀的病症。积属有形，结块固定不移，痛有定处；聚属无形，包块聚散无常，痛无定处。现代医学中，凡多种原因引起的肝脾肿大，增生型肠结核，腹腔肿瘤等，属“积”之范畴；胃肠功能紊乱，不完全性肠梗阻等原因所致的包块，多与“聚”密切相关。

第一方

【主治】肠梗阻。

【处方】大黄9g，丹皮9g，川朴6g，枳实4.5g，香附4.5g，广木香3g，败酱草9g，桃仁3g，瓜蒌仁4.5g，生甘草3g。

【用法】水煎服。

第五节　头痛

头痛是临床常见的自觉症状，可单独出现，常见于多种疾病过程中。

第一方

【主治】神经性头痛，眩晕恶心。

【处方】炒半夏6g，天麻4.5g，炒白术4.5g，酒芩4.5g，柴胡4.5g，草决明6g，甘草1.5g，冬桑叶4.5g。

【用法】水煎饭后温服。

第二方

【主治】偏正头疼。

【处方】芥穗4.5g，蔓荆子9g，细辛1.5g，羌活4.5g，生草3g，生姜、葱头为引。

【用法】水煎温服。

第三方

【主治】偏正头风。

【处方】白芷3g，南星4.5g，法夏3g，川乌3g，细辛0.6g，川乌4.5g，草乌3g，生草4.5g，黄酒少许。

【用法】水煎饭后服。

第四方

【主治】气虚头痛。

【处方】明党参9g，焦芥穗9g。

【用法】水煎饭后服。

第五方

【主治】风火头疼。

【处方】菊花15g，清茶9g，薄荷6g，蜂蜜15g。

【用法】水煎饭后服。

第六方

【主治】偏正头风。

【处方】生萝卜汁2勺(另一方加入冰糖少许)。

【用法】令病者仰卧床上滴入鼻孔内。左疼滴右,右疼滴左,左右皆疼,则两孔具滴。

第七方

【主治】雷头风痛。

【处方】山羊粪少许。

【用法】将羊粪炒枯研末,每服6g,黄酒冲下。

第八方

【主治】偏头痛。

【处方】全蝎8个,蜈蚣3条。

【用法】以上中药混合共研为细末,共分6包,每次1包,每日2次,开水冲服。

第九方

【主治】头痛,头晕。

【处方】黄芪30g,天麻20g,黄母鸡1只。

【用法】将以上中药及黄母鸡(杀死后洗净),放于砂罐内加水煨熟,不加盐,吃肉喝汤。

第十方

【主治】暑热头痛。

【处方】夏枯草适量。

【用法】泡夏枯草当茶饮,徐徐服之。

第六节　眩晕

眩是指眼花或眼前发黑,晕是指头晕或感觉自身或外界景物旋转。二者常同时并见,故称为“眩晕”。其可见于现代医学中梅尼尔氏病、高血压病、低血压、脑动脉硬化、椎至基底动脉供血不足、贫血、神经衰弱等各种疾病。

第一方

【主治】高血压头痛。

【处方】羚羊角6g,犀角6g,生石膏7.5g,黄芩6g,焦杜仲9g,夏枯草9g,麦冬6g,甘草3g。

【用法】共研为细末,每顿饭后服3g。

第二方

【主治】高血压。

【处方】玉米须1把(约60g)。

【用法】开水煎服,每日3次,每日1剂。

第三方

【主治】高血压。

【处方】石蜡120g,樟脑30g。

【用法】混合加热敷于两下肢,每日1次有效。

第四方

【主治】高血压。

【处方】罗布麻适量。

【用法】研细,每次9g,每日2次,开水冲服。

第五方

【主治】高血压并气管炎。

【处方】焦栀3g,桃仁6g,杏仁4粒,白胡椒7粒,薏苡仁7粒。

【用法】共研细末,与鸡蛋清混合。贴患者足心(男左女右),外用胶布固定24小时1次,连贴3～4日。

第六方

【主治】低血压。

【处方】黄精30g,黄芩15g,党参15g,鸡血藤15g。

【用法】水煎服,每日2次。

第七方

【主治】头昏眩晕,精神疲乏。

【处方】生地9g,当归6g,川芎4.5g,杭芍6g,甘菊9g,天麻4.5g,枸杞4.5g。

【用法】水煎服。

第八方

【主治】肾水虚弱不能涵木,疲乏,头晕。

【处方】熟地15g,萸肉9g,茯苓9g,丹皮6g,怀山药9g,泽泻4.5g。

【用法】水煎服。

第九方

【主治】眩晕,便秘,心烦。

【处方】当归6g,赤赭石6g,黄柏3g,酒军3g,黄连3g,芦荟3g,川芎4.5g,薄荷3g。

【用法】水煎服。

第十方

【主治】眩晕。

【处方】玉米须30g，生龙齿15g，金钱草15g，益母草15g，百合24g，川牛膝9g。

【用法】先将以上中药温水浸泡半小时，再煎煮半小时，头两煎混合约300mL，每服100mL，每日3次，宜饭后半小时服。

第十一方

【主治】高血压。

【处方】生黄芪24g，丹皮4.5g，牛膝9g，乌药24g，生桑皮24g，丹参24g，牡蛎9g，磁石9g，首乌藤15g，当归15g，贝壳9g，生石决明12g，大生地9g，杭白芍24g，独活9g。

【用法】用水煎煮成汤液，置于盆中，泡洗两足，每日1次。

附注：切忌内服。

第十二方

【主治】高血压。

【处方】女贞子9g，旱莲草9g，复花9g（包煎），赭石9g（先煎20分钟），黄柏3g，黄连1.5g，干姜6g，党参3g，桂枝3g，细辛1.5g，花椒1.5g，当归3g，制附片1.5g（先用开水煎30分钟），佛手6g，陈香橼6g。

【用法】开水煎服，每日1剂，分2次服。

第十三方

【主治】高血压。

【处方】鸡血藤60g，丹参30g，路路通180g，当归尾30g，山楂60g，益母草30g，桃仁8g，红花30g。

【用法】以上中药共研为细末，每日2次。

第十四方

【主治】高血压

【处方】黄瓜藤1条（1米左右）

【用法】水煎煮至无味为度。隔日服1次，分2次服。

第十五方

【主治】高血压。

【处方】生地15g，赤芍9g，甘菊9g，钩藤9g，菖蒲6g，生龙骨15g（先煎），生牡蛎15g（先煎），炒半夏9g，天麻4.5g，牛膝9g，丹皮6g，赭石6g（先煎），胆草4.5g，炒泽泻9g，丝瓜络6g。

【用法】水煎服，每日1剂，分2次服。

第七节　疟疾

疟疾是感受疟邪引起的以寒战、燥热、头痛、汗出、休作有时为临床特征的一类疾病。本病属于现代医学疟疾范围，其他如回归热、黑热病、病毒性感染及部分血液系统疾病等，也可参照治疗。

第一方

【主治】疟疾。

【处方】青蒿叶15g。

【用法】晒干研细末装瓶内备用，在疟疾未发前3小时服15g，停一时半再服15g即可制止。

第二方

【主治】疟疾。

【处方】油菜籽18g(捣碎)。

【用法】在发病2小时前，每服1调羹即可制止。

第三方

【主治】疟疾。

【处方】鲜鸡苦胆1枚。

【用法】在发病2小时前开水吞服，隔2～3日再服3～4个。

第四方

【主治】疟疾。

【处方】鹅不食草。

【用法】研细末，用纱布包裹塞鼻孔即愈。

第五方

【主治】疟疾。

【处方】常山、乌梅、槟榔、山楂各等份。

【用法】水煎服，在发病前4小时服头煎，停2小时再服二煎即可制止。

第六方

【主治】疟疾。

【处方】斑蝥1个(研末)。

【用法】用菜叶放脐部撒上斑蝥末，再盖一菜叶，用布绑住，次日取下。

第七方

【主治】疟疾。

【处方】常山9g，槟榔9g，苏叶9g，通草9g，乌梅9g(去核)，全蝎3个，黑豆1把。

【用法】水煎服，发病前3小时先服二煎，停1小时后再服头煎。

第八方

【主治】疟疾。

【处方】柴胡9g，黄芩9g，常山9g，良姜6g，草果6g，槟榔9g，苏叶9g，紫朴9g，枳实6g，半夏9g，乌梅3个，生姜9g，大枣2个。

加减：虚弱者加党参9g。

【用法】水煎分2次服。

第八节　瘿病

瘿病是以颈前喉结两旁结块肿大为重要临床特征的一类疾病。属于现代医学中以甲状腺肿大为主要临床表现的疾病，如单纯性甲状腺肿、甲状腺机能亢进症、甲状腺炎、甲状腺瘤、甲状腺癌等。

第一方

【主治】甲状腺肿大。

【处方】黄药子12g，昆布12g，海藻12g，夏枯草9g，金橘子9g，川贝9g。

【用法】水煎早晚续服。

第二方

【主治】甲状腺肿大。

【处方】昆布30g，海带30g，海藻30g，海浮石30g，海鞘30g，木香15g，玉片30g，山甲30g，全蝎18g，蜈蚣8条，僵蚕15g。

【用法】共研为细末，炼蜜成丸，如梧子大，每服4.5g，开水送服。

第五章　肾系病证

第一节　水肿

水肿是体内水液潴留、泛滥肌肤，表现以头部、眼睑、四肢、腹背，甚至全身浮肿为特征的一类疾病。水肿在现代医学中是多种疾病的一个症状，包括肾性水肿、心性水肿、肝性水肿、营养不良性水肿、功能性水肿、内分泌失调引起的水肿等。肾性水肿包括急慢性肾小球肾炎、肾病综合征、继发性肾小球疾病等。

第一方

【主治】肾脏炎，面身浮肿，小便不利。

【处方】白术6g，茯苓9g，猪苓4.5g，泽泻6g，知母4.5g，腹皮4.5g，滑石9g，灯芯50寸。

【用法】水煎服。

第二方

【主治】水肿。

【处方】西瓜1个，大蒜7个。

【用法】好西瓜切口，放入已捣烂之蒜，用姜片盖好煮后，趁热服下即效。

第三方

【主治】慢性肾炎。

【处方】茯苓皮30g(煎水)，再用此水煎大麦仁30g、赤小豆30g。

【用法】煮如稀粥，早晚各服1剂，饮汤或连豆吃下均可。连服1～2日可除根。

第四方

【主治】全身水肿。

【处方】青蛙2只。

【用法】去皮烤熟食之即愈。

第五方

【主治】慢性肾炎。

【处方】当归9g，黄芪9g，桂枝6g，黄柏9g，白茅根12g，丹参9g，山药9g，茯苓9g，白术9g，泽泻9g，栀子9g，黄芩9g，银花9g，生草6g，瞿麦9g，扁蓄9g，车前子9g(包煎)。

【用法】水煎服，每日2次。

第二节　癃闭

癃闭是以小便短少、排尿困难、甚则小便闭塞不通为主症的一种病症。其中小便不畅、点滴而短少、病势较缓者为癃；小便闭禁、点滴不通、病势较重者为闭。本病多见于现代医学中各种原因引起的尿潴留及无尿症，如神经性尿闭、膀胱括约肌痉挛、尿道结石、尿路肿瘤、尿道损伤、尿道狭窄、前列腺增生症、脊髓炎等出现的尿潴留以及肾功能不全引起的少尿、无尿症。

第一方

【主治】慢性肾衰。

【处方】大黄、牡蛎、蒲公英各30g。

【用法】水煎600～800mL汤药，用作灌肠。

第二方

【主治】慢性肾衰。

【处方】大黄、益母草各30g。

【用法】水煎500～700mL汤药，用作灌肠。

第三方

【主治】小便不利。

【处方】陈草帽辫7尺。

【用法】加白糖水煎服之。

第四方

【主治】小便不通。

【处方】车前子、马拉拉各等份。

【用法】水煎服。

第五方

【主治】小便不利。

【处方】凤眼草30g。

【用法】研末，每服9g，小米汤送下。

第六方

【主治】小便不通。

【处方】茶叶9g，白糖15g。

【用法】开水冲化服之。

第七方

【主治】前列腺增生证，排除肿瘤病变者(尿频、尿急、尿痛、尿流中断，甚至出现尿潴留、尿失禁、血尿等)。

【处方】生地10g，山药10g，山萸肉9g，丹皮9g，茯苓9g，泽泻9g，丹参15g，王不留行10g，山甲5g(无山甲可用土鳖虫代)，菟丝子10g，川楝10g，元胡9g，肉桂5g，川牛膝15g，牡蛎15g，车前子9g，黄柏3g，鳖甲15g。

加减：若尿频加桑螵蛸、益智；若尿痛多有膀胱炎可首服八正散；若脾虚明显者减去六味地黄汤，合用补中益气汤；若情志不遂，肝气不疏合四逆散。

【用法】可加量为末服，每次8g，每日2次。

第八方

【主治】尿闭。

【处方】肉桂末(冲)1.5g，制附子(先煎)6g，生黄芪30g，黄精30g，人参、苍术、白术各9g，生苡仁15g，车前子、白茅根各30g，川牛膝、泽泻、猪苓、丹参各9g，川芎6g。

【用法】水煎服，每日2次。

第九方

【主治】小便失禁。

【处方】熟地9g，菟丝子9g，白术6g，五味4.5g，益智4.5g，韭子4.5g，故纸6g，附子2.1g(先用开水煎30分钟)，茯苓6g，炙黄芪9g。

【用法】水煎服，每日1剂，分2次服。

第十方

【主治】小便不通。

【处方】田螺3个，青盐少许。

【用法】将田螺捣成泥，加清盐少许，贴脐下半小时，小便即通。

第三节　淋证

淋证是指以小便频数短涩、淋漓刺痛、小便拘急引痛为主症的病症，分为热淋、气淋、石淋、血淋、膏淋、劳淋六型。常见于现代医学的急慢性尿路感染、泌尿系结核、尿路结石、急慢性前列腺炎、乳糜尿以及尿道综合征等病。

第一方

【主治】肾结石。

【处方】生黄芪12g，丹参12g，白术9g，茯苓12g，川楝子9g，白芍9g，当归9g，海金砂9g，金钱草15g，冬葵子9g，牛膝9g，川断9g。

【用法】水煎服，每日1剂，分2次食前服。

第二方

【主治】赤淋,小便尿血。

【处方】鸡蛋1个(开一小眼),装入大黄面子6g,赤苓面子6g。

【用法】将鸡蛋眼封固,煮熟后去壳晒干,用黄酒冲服。

第三方

【主治】赤淋。

【处方】猪鬃1捻(烧灰)。

【用法】每服0.9g,每天食前服6g,开水送下。

第四方

【主治】五淋。

【处方】生地、熟地、白菊、白奇叶子、白鸡冠花各3g,白茧3g(烧灰存性)。

【用法】以上中药共研为细末,将鸡蛋1个打破,倒出蛋清,入药末在内,纸包好炭火上烧熟为末,开水或黄酒空心送服即愈。

第五方

【主治】久淋症。

【处方】鸡蛋1个,硫黄1.5g。

【用法】将鸡蛋打一小孔同装细末硫黄,再用面糊口,煮后连吃几枚。

第六方

【主治】砂淋。

【处方】石榴肉9g,车前子9g,枣仁9g,茯神6g,寸冬6g,石苇根6g,甘草梢3g,灯芯引。

【用法】水煎服。

第七方

【主治】膀胱结石。

【处方】鹅不食草60g。

【用法】洗净捣汁,加白糖少许,一次服完。

第八方

【主治】泌尿系结石。

【处方】鸡内金、金钱草、茯苓、牛膝、海金沙、木通、没药、蒲黄、鳖甲、白芷、滑石粉、威灵仙、玉片等药物与辨证论治相结合进行化石治疗。

【用法】水煎服,每日2次。

第九方

【主治】泌尿系结石。

【处方】金钱草,车前子,海金沙,瞿麦,石韦,王不留行,降香,薏米,夏枯草,川牛膝，没药，路路通，鸡内金，亦可加琥珀3g冲服。

【用法】水煎服，每日2次。

第十方

【主治】尿血，茎中痛如刀刺。

【处方】生地9g，归尾6g，川芎4.5g，赤芍7.5g，桃仁4.5g，红花4.5g，牛膝2.1g。

【用法】水煎服。

第十一方

【主治】尿血。

【处方】牛膝30g，乳香3g。

【用法】水煎服。

第十二方

【主治】遗尿，下淋。

【处方】葵花子杆1尺。

【用法】水煎1碗喝下，一次即愈。

第十三方

【主治】真阳不固，小便白浊。

【处方】龙骨60g。

【用法】研为细末，米糊为丸，如桐子大。每日2次，每服6g，开水送下。

第十四方

【主治】五淋。

【处方】白芷、莲须各等份。

【用法】以上中药当茶饮。

第十五方

【主治】血淋。

【处方】生山药3g，生龙骨9g，生牡蛎9g，茜草6g，生白芍9g，白头翁9g，龙胆草6g，阿胶6g，黄连3g。

【用法】水煎服，每日2次。

第十六方

【主治】急性肾炎。

【处方】鲜白茅根150g。

【用法】水煎服，每日2次。

第十七方

【主治】急性肾炎。

【处方】益母草150g。

【用法】水煎服。

第四节 腰痛

腰痛又称“腰脊痛”，是指因外感、内伤或挫闪导致腰部气血运行不畅，或失于濡养引起腰脊或脊旁部位疼痛为主要症状的一种病症。常见于现代医学的腰肌纤维炎、强直性脊柱炎、腰椎骨质增生、腰椎间盘病变、腰肌劳损等腰部病变以及某些内脏疾病。

第一方

【主治】腰痛。

【处方】猪腰子1个，大黑豆250g。

【用法】共同煮熟食之。

附注：本方用于肾虚腰痛亦有效，若加小茴香30g，同煮熟食之更妙。

第二方

【主治】挫闪腰痛（气滞血凝）。

【处方】生芪30g，当归15g，红花9g，地龙4.5g，乳香9g，没药6g，广三七1.5g。

【用法】水煎服，每日2次。

第三方

【主治】肾虚腰痛，历久不愈。

【处方】熟地炭9g，归身6g，焦杜仲9g，巴戟6g，鹿角胶6g，龟胶9g，云故纸4.5g，桂圆3g，桑寄生9g，独活6g，菟丝子6g。

【用法】水煎温服，连服5剂。

第四方

【主治】腰痛。

【处方】杜仲、云故纸、牛膝、广木香各9g。

【用法】水煎早晚服。

第五方

【主治】腰痛。

【处方】白术6g，苡米6g，芡实4.5g。

【用法】水煎早晚服。

第六方

【主治】损伤性腰背痛。

【处方】郁金12g，木香9g。

【用法】水煎服，每日2次。

第五节　遗精

遗精是指不因性生活而精液遗泄的病症。其中因梦而遗精的称“梦遗”；无梦而遗精，甚至清醒时精液流出的谓“滑精”。本病常见于现代医学中神经衰弱、神经官能症、前列腺炎、精囊炎等病。

第一方

【主治】遗精滑精。

【处方】白石榴树根干250g。

【用法】与瘦猪肉等量，同煮吃肉喝汤。

第二方

【主治】遗精日久，身体虚弱者。

【处方】羊肉500g，牡蛎9g(研末)。

【用法】羊肉炖汤，冲服牡蛎粉。

第三方

【主治】遗精滑泄。

【处方】五倍子、茯苓各6g。

【用法】以上中药共研为细末，炼蜜为丸，每服6g，淡盐水送下。

第四方

【主治】滑精。

【处方】莲须15g，文蛤9g，龙骨9g，牡蛎9g。

【用法】以上中药共研为细末，每服9g，淡盐汤送下。

第五方

【主治】遗精。

【处方】鱼鳔9g，沙苑蒺藜9g，莲子15g(去心)。

【用法】水煎服。

第六方

【主治】遗精。

【处方】白茯苓9g，白术9g，莲肉9g，五味子4.5g，山药9g，杜仲9g，菟丝子15g，金樱子9g，煅牡蛎9g，甘草3g。

【用法】水煎服，每日1剂，分2次食前服。

第七方

【主治】睾丸炎。

【处方】宁麻250g(烧灰)，桂圆为引。

【用法】水煎服甚好。

第六节　阳痿

阳痿指成年男子性交时，由于阴茎萎软不举，或举而不坚，或坚而不久，无法进行正常的性生活的病症。

第一方

【主治】阳痿。

【处方】熟地15g，白术9g，当归9g，枸杞9g，杜仲9g，仙茅4.5g，巴戟天9g，山茱萸4.5g，制附片3g(先用开水煎30分钟)，肉桂3g。

加减：如气虚，加入人参9g，血虚加鹿茸4.5g。

【用法】水煎食前服，每日1剂，分2次服。

第二方

【主治】阳痿。

【处方】熟地12g，枸杞8g，川断10g，元参10g，锁阳6g，焦杜仲10g，菟丝子10g，金樱子8g，白芍10g，巴戟天6g，茯苓6g。

【用法】水煎服，每日2次。

第三方

【主治】阳痿。

【处方】阳起石9g，枸杞9g，红糖适量。

【用法】水煎服，每日2次。

第四方

【主治】阳痿。

【处方】补骨脂。

【用法】将补骨脂研细，每次服6g，开水冲服，每日2次。

第六章 气血津液病证

第一节 郁证

郁证是由于情志不舒、气血郁滞所致，以心情抑郁、情绪不宁，胸部满闷，胁肋胀痛，或易怒喜哭，或咽中如有异物梗塞等症为主要临床表现的一类病症。主要见于现代医学的神经衰弱，癔症及焦虑症等。

第一方

【主治】脏燥。

【处方】半夏、茯苓、枳壳、芒硝各等份。

【用法】每服9g，姜汤送下。

第二方

【主治】脏燥。

【处方】柴胡4.5g，黄芩4.5g，元参4.5g，法夏4.5g，桂枝4.5g，茯神9g，大黄4.5g，黄连4.5g，龙骨4.5g，牡蛎6g，姜枣引。

【用法】水煎服，连服3剂。

第三方

【主治】梅核气。

【处方】桔梗9g，贝母6g，银花9g，霜桑叶9g，法半夏6g，沉香6g，苏叶9g，生草6g，陈皮6g。

【用法】水煎服，每日2次，疗效极佳。

第四方

【主治】癔症。

【处方】当归9g，黄芪9g，菖蒲6g，酸枣仁9g，法半夏6g，陈皮9g，夜交藤9g，合欢皮9g，五味子9g，浮小麦20g，生铁落20g。

【用法】水煎服，每日2次。

第二节 血证

凡血液不循常道，或上溢于口鼻诸窍或下泄于前后二阴，或渗出于肌肤所形成的一类出血性疾病，统称为“血证”。现代医学中各种疾病引起的出血以及造血系统病变所引起的出血性疾病，均属于本证范畴。

第一方

【主治】咳血或咯血。

【处方】生地9g，天冬6g，阿胶6g，川贝6g，茯苓6g，蜜炙黄柏6g，蜜炙知母6g。

【用法】水煎服。

第二方

【主治】咳嗽日久大咯血。

【处方】生地炭9g，酒芍6g，丹皮4.5g，阿胶6g，白芨6g，白茅根6g，棕炭6g，龙骨6g，牡蛎6g，川贝母6g，生粉草3g。

【用法】水煎服。

第三方

【主治】咯血，衄血。

【处方】犀角3g，生地9g，丹皮3g，白芍3g。

【用法】水煎服。

第四方

【主治】咳血，吐血，肺胃出血。

【处方】白芨、鱼鳔、丝绵各等份。

【用法】火煅存性，共研为细末。每晨空心服9g，连服3天。

第五方

【主治】吐血。

【处方】花蕊石30g。

【用法】醋煅水飞为细末服下。

第六方

【主治】鼻出血。

【处方】鲜韭菜汁1碗。

【用法】调白糖服下立止。

第七方

【主治】鼻出血。

【处方】藕节30g，栀子30g。

【用法】水煎服。

第八方

【主治】鼻出血。

【处方】白夹竹桃花适量。

【用法】以白夹竹桃花泡开水中，加白糖服之。

第九方

【主治】鼻出血。

【处方】头发1撮。

【用法】头发烧灰存性，置纸筒上吹鼻中。

第十方

【主治】失血。

【处方】白糖12g，白酒12g。

【用法】放在碗内点着拌之，将白糖溶化完，趁热服之有效。

第十一方

【主治】便血。

【处方】槐花9g，侧柏叶9g。

【用法】水煎服，每日2次。

第十二方

【主治】便血，尿血。

【处方】白茅根12g，侧柏叶15g，小蓟12g，阿胶9g。

【用法】水煎服，每日2次。

第十三方

【主治】舌出血。

【处方】蒲黄15g。

【用法】将药炒焦，含满口即止。

第十四方

【主治】大便出血。

【处方】豆腐渣适量，白糖适量。

【用法】将豆腐渣炒黄，拌白糖吃，便血可止。

第十五方

【主治】肠风下血，日久不愈。

【处方】椿树皮120g，莱菔子120g，干姜120g，白糖120g。

【用法】煎汤服。

第十六方

【主治】肠风下血。

【处方】椿白皮30g，桑白皮30g，陈皮30g，小茴香9g，大枣3枚。

【用法】水煎服。

第十七方

【主治】肠风下血。

【处方】胡萝卜。

【用法】煮熟后入蜂蜜少许，再煮，而后食之。

第十八方

【主治】经年肠风下血。

【处方】皂角灰60g，炒槐花30g，胡桃仁30g，炒故纸30g。

【用法】共研为极细末，每服9g，空心米汤送下。

第十九方

【主治】大便出血。

【处方】槐花30g，白矾9g。

【用法】共研为极细末，米糊为丸。空心开水送服6g。

第二十方

【主治】大便下血，在便后者。

【处方】白术6g，生地9g，白芨9g，附子6g，黄芩4.5g，阿胶6g，黄土15g，甘草2.1g。

【用法】水煎食前服用。

附注：此乃仲景之黄土汤，治远血（即便后出血），体质虚弱者效。黄土可用灶心土或赤石脂代之。

第二十一方

【主治】肠风下血。

【处方】山药9g，白术6g，地榆6g，白芍5g，川断4.5g，五味子4.5g，焦芥穗2.1g，乌梅2.1g，甘草2.1g。

【用法】水煎服，每日1剂，分2次饭前服。

第三节 原发性血小板减少性紫癜

血小板减少性紫癜是以自发性皮肤瘀点和瘀斑、黏膜和内脏出血、血小板减少和出血时间延长为主要表现的出血性疾病。一般病程在半年以内为急性型，超过半年以上为慢性型。

一、急性型。多见于儿童，男女发病率相近，大多数可有上呼吸道感染史，起病急骤，可有大量瘀点和大片瘀斑，尤以下肢多见，分布不均。

二、慢性型。较为常见，以女性青年为多，起病缓慢，出血症状一般较轻，主要为反复发作的皮肤瘀点。

第一方

【主治】原发性血小板减少性紫癜。

【处方】红杏20枚。

【用法】煎汤连渣服，可常服。

第二方

【主治】原发性血小板减少性紫癜。

【处方】大枣40枚，藕节1份。

【用法】先加水煎藕节至水粘胶状，再加入大枣同煮，每天吃适量大枣。

第三方

【主治】原发性血小板减少性紫癜。

【处方】连翘30g。

【用法】水煎，分3次服。

第四方

【主治】原发性血小板减少性紫癜。

【处方】生石膏30g，黄柏15g，儿茶6g。

【用法】浓煎漱口，每次5～10分钟。肌衄而兼有齿衄较甚者，可合并漱口药。

第四节　再生障碍性贫血

再生障碍性贫血(简称"再障")，系多种病原如药物、化学毒物、病毒感染、免疫及遗传因素等引起的造血干细胞及造血微环境的损伤，导致红骨髓总容量减少代以脂肪髓，造血衰竭，全血细胞减少为主要表现的一组综合征。

一、急性型再障。起病急，进展迅速，常以出血和感染发热为首起及主要表现。

二、慢性型再障。起病缓慢，以贫血为首起和主要表现；出血多局限于皮肤黏膜，且不严重，可并发感染，常以呼吸道为主。

【处方】黄芪、丹参、鸡血藤、补骨脂、菟丝子、骨碎补、益母草各15g，当归、枸杞子各12g，川芎10g。

第五节　上消化道出血

上消化道出血的验方治疗其方法主要是益气止血、凉血止血、收敛止血、活血止血等，常随症加减使用。

一、益气止血类

【处方】甘草人参汤：甘草60g，人参30g，白芨30g。

二、凉血止血类

【处方】止血类:白芨、地榆炭、生槐花、仙鹤草各等份。

三、收敛止血类

【处方】

1.白芨粉9g,顿服,每日3次。

2.白芨6g,三七3g,研末顿服,每日3次。

3.白芨、三七、乌贼骨各等份研末,6g或9g,每日3次。

四、活血止血类

【处方】止血散:大黄、白芨、三七研末冲服,每次9g,每日4次。

第六节　消渴

消渴是以多饮、多食、多尿、乏力、消瘦,或尿有甜味为主要临床表现的一种疾病。属于现代医学糖尿病等范畴。

第一方

【主治】消渴(糖尿病)。

【处方】炒文蛤30g(为末)。

【用法】每服6g。

第二方

【主治】消渴。

【处方】党参、天花粉各等份。

【用法】共研为末,炼成蜜丸,如桐子大。每服30～40丸,麦冬为引。

第三方

【主治】消渴。

【处方】炙黄芪15g,山萸肉90g,生地15g,淮山药60g,五味子4.5g,炙甘草4.5g,猪胰子1条。

【用法】水煎服。

第四方

【主治】糖尿病日久者。

【处方】生地50g,玄参50g,麦冬50g,葛根50g,牡蛎50g,山药300g,黄芪300g,太子参250g,丹参200g,人参30g,山萸肉50g,苍术50g,沙苑子50g,当归4g,花椒40g,知母30g,石膏100g,玉竹30g,大黄30g,淫羊藿100g。

【用法】共研为细末,每服10g,每日2次,开水送服。

第五方

【主治】糖尿病。

【处方】大白公鸡1只,陈醋200mL。

【用法】将大白公鸡杀死洗净,加醋200mL,加水炖熟,1只吃3天。

第七节 自汗、盗汗

自汗、盗汗是指由于阴阳失调,腠理不固,而致汗液外泄失常的病症。其中,不因外界环境因素影响,而白昼时时汗出,动辄益甚者,称为“自汗”;睡中汗出,醒来自止者,称为“盗汗”。常见于现代医学中的甲状腺机能亢进、自主神经功能紊乱、风湿热、结核病等。

第一方

【主治】盗汗,自汗。

【处方】五倍子15g(微炒)。

【用法】研极细末,用唾液在布上调如膏状,敷于脐上,汗即止。

第二方

【主治】盗汗。

【处方】仙鹤草30g,大枣15g。

【用法】水煎服,每日1剂。

第七章 肢体经络疾病

第一节 痹证

痹证是由于风、寒、湿、热等邪气闭阻经络，影响气血运行，导致肢体筋骨、关节、肌肉等处发生疼痛，重者酸楚、麻木或关节延伸不利、僵硬、肿大、变形等症状的一种疾病。本证常见于现代医学的风湿性关节炎、类风湿性关节炎、反应性关节炎、肌纤维炎、强直性脊柱炎、痛风等疾病。

第一方

【主治】关节炎。

【处方】鲜姜1000g，皮胶120g，细辛15g。

【用法】取鲜姜汁1斤，将胶加入姜汁中熬熔，再将细辛研末掺入其中。将药涂于布上，贴敷患处。

第二方

【主治】关节炎。

【处方】鸡血藤30g，透骨草15g，爬墙虎15g，川乌15g，牛膝15g，白酒500g。

【用法】将以上中药泡入白酒中，对阳光埋地里24小时取出，每日3次，每次服此药酒10mL，立即见效。

第三方

【主治】风湿性关节炎。

【处方】黑木耳30g，茯苓15g，制附片15g，核桃仁60g，广木香6g，炙干姜1.5g。

【用法】共研为细末，每服3g，黄酒为引。

第四方

【主治】风湿性关节炎。

【处方】羌、独活各6g，川芎9g，焦杜仲9g，桑寄生6g，川牛膝6g，当归60g，生、熟地各60g，党参9g，东防风9g，杭白芍6g，白茯苓12g，甘草3g，枸杞30g，西红花30g，上元桂6g，三七6g。

【用法】用白酒2公斤浸泡半月。每日服用1小盅。

第五方

【主治】风湿性关节炎。

【处方】乳香30g,没药30g,麻黄30g,马前子30g。

【用法】共研为细末,用醋调成糊状。涂于患处,外用绷带固定。

附注:马前子必须经过炮制后使用。本方不可内服。

第六方

【主治】类风湿病,远端小关节变形、僵直、行动受限疼剧。

【处方】玄驹粉50g,黄芪50g,乌蛇10g,当归40g,桑枝20g,赤芍30g,威灵仙30g,薏米50g,茯苓30g,防己30g,全蝎10g,雷公藤30g,蚕沙30g。

【用法】共研为细末,每次9g,每日2次,开水送服。

第七方

【主治】关节痛,痛肿日久。

【处方】桑寄生9g,没药6g,千年健9g。

【用法】水煎温服。

第八方

【主治】关节痛,风湿流注,麻木肿痛。

【处方】姜黄9g,灵仙9g,海桐皮9g,甘草6g,生姜1片。

【用法】水煎服。

第九方

【主治】关节痛。

【处方】苍术9g,当归21g,威灵仙6g,没药4.5g,片姜黄3g,乳香4.5g,透骨草9g,柏节3g,焦杜仲9g,桂枝15g。

【用法】水煎服,连服3剂。

第十方

【主治】历节风。

【处方】苍术30g,姜汁炒白术30g,土炒川牛膝15g,红花9g,大茴香15g,小茴香15g,桃仁9g,当归15g(酒浸),川芎15g,枸杞15g,怀牛膝15g,木耳9g,羌活30g。

加减:若患者体弱,可去桃仁、红花加虎骨,数量不拘,每日早晚用开水、黄酒各半冲服。散剂每次3g,丸剂每次6g。

【用法】先将木耳在水中煮一遍,阴干后和前药共研为末,制为散剂或丸剂均可。

第十一方

【主治】鹤膝风。

【处方】麻黄、乳香、没药、马钱子各15g。

【用法】共研细末,用醋调匀擦患处,数次即愈。

附注:敷后患处起泡,勿擦破,以免形成外伤。

第十二方

【主治】风湿流注，关节痛。

【处方】焦苍术9g，焦黄柏4.5g，川牛膝4.5g，羌活4.5g，焦芥穗4.5g，没药6g，焦杜仲9g，菟丝子6g，土茯苓6g，连翘6g，海桐皮9g，生粉草2.1g。

【用法】黄酒少许，温服3剂。

第十三方

【主治】淋毒性关节炎。

【处方】土苓9g，薏仁9g，焦柏4.5g，川牛膝6g，苍术6g，怀牛膝6g，防己9g，仙灵脾6g，生草9g，麝香少许。

【用法】水煎温服。

第十四方

【主治】下肢麻痹。

【处方】党参15g，白术9g，茯苓12g，醋柴胡6g，青皮6g，白芍12g，当归15g，焦杜仲12g，黄芪15g，桂枝6g，木瓜9g，川牛膝9g，炙草6g。

【用法】水煎服，每日1剂，分2次服。

第十五方

【主治】下肢麻痹。

【处方】熟地15g，当归15g，川芎9g，杭白芍9g，党参15g，白术15g，茯苓6g，枸杞6g，炙草4.5g。

【用法】水煎服，每日1剂，分2次服。

第十六方

【主治】周身肌肉痛。

【处方】当归、川芎、元胡、秦艽、肉桂、天麻各等份。

【用法】共研细末，每日2次，每次9g，白酒25g送下。

第八章 中毒

第一节 急性一氧化碳中毒

在生产和生活中，含碳物质燃烧不完全，都可产生一氧化碳。一氧化碳中毒主要引起组织缺氧，吸入体内的一氧化碳与血液中血红蛋白结合，形成稳定的碳氧血红蛋白。造成组织缺氧，而出现一氧化碳中毒。

按中毒程度可分为三级：

一、轻度中毒。患者可出现头痛，无力，劳动时呼吸困难；

二、中度中毒。头痛严重，恶心呕吐，头晕，视力模糊等；

三、重度中毒。皮肤呈樱桃红色，神志模糊，步态不稳，心率加快，可出现潮式呼吸，昏迷可持续数小时至数日。昏迷初期可见四肢肌张力增强或阵发性晕厥，危重患者可因呼吸循环抑制而死亡。

第一方

【主治】一氧化碳中毒。

【处方】鲜萝卜汁60g。

【用法】灌服。

第二方

【主治】一氧化碳中毒。

【处方】豆腐。

【用法】多食可以解之。

第二节 肉毒中毒

本病是由于肉毒杆菌外毒素引起的中毒性疾病，绝大多数是由于摄入含肉毒外毒素的食物而产生。以神经系统为主要临床表现，如抢救不及时，病死率高。

第一方

【主治】肉毒中毒。

【处方】三豆银花汤：赤小豆，黑豆，绿豆，银花，甘草。

【用法】立即饮服。

第二方

【主治】自食六禽肉中毒。

【处方】黄柏6g。

【用法】用温开水送下。

第三方

【主治】肉毒中毒。

【处方】内关、中脘、合谷、足三里穴。腹痛者，加气海穴。

【用法】针刺。

第四方

【主治】肉毒中毒。

【处方】神阙、水分等穴位。

【用法】艾灸。

第五方

【主治】肉毒中毒。

【处方】瓜蒂散(甜瓜蒂、赤小豆、淡豆豉)或参芦饮(人参、芦头)。

【用法】可用以上中药催吐。其中属虚证者可用参芦饮催吐，但年老体弱者和妊娠妇女不宜用吐法。

第三节　急性酒精中毒

酒精又称“乙醇”，急性酒精中毒是指短时间内过量服用乙醇或饮用酒类饮料，引起中枢神经系统兴奋或抑制状态，也就是俗称“酒醉”。

酗酒者易发生酒精中毒，按照病情程度轻重分为三期：兴奋期，共济失调和昏睡期。

第一方

【主治】急性酒精中毒。

【处方】鸡毛。

【用法】探吐，让患者吐出胃内容物。

第二方

【主治】急性酒精中毒。

【处方】陈醋30g，红糖15g，姜3片或葛花10～15g或野菊花10g。

【用法】水煎炖服。如有恶心、呕吐、腕腹胀满、打呃、嗳气等消化道症状，可给予葛花、茯苓、泽泻、砂仁、豆蔻、木香、青陈皮、神曲、白术睡煎服，每日1剂。

第四节　其他中毒

第一方

【主治】煤油中毒。

【处方】海带30g。

【用法】水煎服。

第二方

【主治】中蘑菇毒。

【处方】豆腐。

【用法】多食可以解之。

第九章 内科其他病证

第一节 结核性脑膜炎

结核性脑膜炎是由结核杆菌侵犯脑膜引起的非化脓性炎症。大多数经血行播散侵入脑实质形成结核灶，然后扩散到脑膜；也可由颅骨、颈淋巴结等的直接蔓延所致。临床以儿童多见，常成隐性起病，进行性加重；相当部分患者亦有其他器官结核病史或密切的结核接触史。常有10～20天的前驱症状，如精神不振、食欲减退、低热、头痛、恶心、呕吐、便秘等；逐渐发生颅内压增高的表现和脑膜刺激征。结核性脑膜炎按其临床表现可分为早、中、晚三期。

第一方

【主治】结核性脑膜炎。

【处方】羊胆。

【用法】烘干研粉，装胶囊。每日3次，每次1粒。

第二方

【主治】结核性脑膜炎

【处方】白芨、百部、牡蛎、炮山甲各等份。

【用法】以上中药研粉，每服3～5g，每日3次。

第三方

【主治】脑膜炎。

【处方】白菊花6g，生石膏9g，首乌6g，怀南星6g，地龙4.5g，白僵蚕4.5g，勾藤4.5g，天麻3g，蜈蚣2条，朱茯神3g，菖蒲4.5g，全蝎3g，羚羊角3g，连翘4.5g。

【用法】水煎服。

第二节 狂犬病

狂犬病是由狂犬病毒引起的一种人畜共患的中枢神经急性传染病，又名“恐水病”。潜伏期长短不一，多在3个月以内发病。但部分患者可超过1年。主要临床表现为特有的狂躁，恐惧不安，怕风怕水，流涎和咽肌痉挛，最终发生瘫痪而危及生命。

第一方

【主治】狂犬病(胡言乱语时作时止)。

【处方】木鳖子7个,甘草7寸。

【用法】用清油将前药炸焦漉过用上油炒鸡蛋1个食之,吃时敲打铜器吃完后忌铜器百日,照方再吃1服即愈。

第三节 中暑

中暑是指人体长时间处在高温环境下,如高温、高湿、低风速及烈日暴晒等主要因素和剧烈运动,强体力劳动,以及年老体弱伴心血管疾病,营养不良,糖尿病,液体摄入不足,感染发热性疾病等诱发因素,使体温调节机能障碍而发生的一组综合征候群。中暑是因暑热之邪侵入人体,耗气伤阴,或由于体虚,气血阴阳失调,不能抗御外邪,当炎夏时节,露天劳作,强度过大,时间太久,或过度疲劳,或长途跋涉,或通风不良发生中暑。

第一方

【主治】清暑热。

【处方】夏枯草适量。

【用法】泡夏枯草当茶饮,徐徐服之。

第二方

【主治】中暑。

【处方】针刺十宣放血,亦可刺人中、涌泉等穴。阴脱者可针可灸,取神阙、关元、气海穴,每穴灸15～20分钟;针刺内关、少冲、少泽、涌泉穴等。

【用法】针刺。

第三方

【主治】中暑。

【处方】刮痧疗法。

【用法】选的部位有眉心,两太阳穴,喉头两侧,两肩部,背部督脉,腋中线,肘窝等处。

第四方

【主治】中暑。

【处方】指针疗法。

【用法】用拇指尖代替银针,点掐人中、承浆、昆仑、太溪、十宣等穴。

第二篇 外　科

第一章 疮疡

疮疡是指细菌侵入人体局部或血循环引起人体组织局部或全身的炎症反应。其外形表现为红、肿、热、痛、溃腐流脓等症状。同时也可出现全身症候。

第一节 痈

痈是指发生于体表皮肉之间的急性化脓性疾病。见于现代医学的皮肤浅表脓肿,急性化脓性淋巴结炎等。局部光软无头,红肿疼痛,少数初起皮色不变。结块范围在6~9厘米,发病迅速、易肿、易脓、易溃、易敛,或伴有恶寒、发热、口渴等全身症状。痈发无定处,随处可生。根据发生的部位不同而有颈痈、肘痈、背痈、肛痈等。

第一方

【主治】痈疽初期。

【处方】生柏叶(鲜者更佳),蜂蜜。

【用法】将柏叶研细(鲜者捣烂),蜂蜜调和敷患处。

第二方

【主治】痈疽初期,肿痛难忍。

【处方】红葱根1把,马耳菜30g,大蒜1头,蒲公英30g,鲜姜15g,蜂蜜。

【用法】以上中药捣为泥加蜂蜜调匀敷患处。

第三方

【主治】一切疮痈成脓,欲溃而未破之时贴于患处,良久则溃破脓出,效果显著。

【处方】蓖麻子10粒,木鳖子7粒,乳香6g,没药6g,杏仁6g,铜绿9g,菜油500g,松香60g。

【用法】先将蓖麻子、木鳖子、杏仁3味药放在菜油内以文武火煎熬至焦,滤去药渣,然后将没药、乳香、松香共研成细末,撒于锅内,慢火熬至不滴水不散为度,再将铜绿撒入搅匀,候冷收藏备用。将膏药摊于厚纸上备用,用时加热,候膏药熔软,即贴患处,但已溃之疮痈勿用。

第四方

【主治】背痈洗涤。

【处方】蒜辫子、槐条、陈高粱根、花椒、木香各等份。

【用法】水煎洗患处。

第二节　疮

疮是由各种致病因素侵袭人体后引起的体表化脓性疾病。由于发病原因、发病部位和病情发展阶段的不同而有多种。

第一方

【主治】凡一切疮肿，初期红肿疼痛。

【处方】生南星90g，苍术120g，黄柏90g，白芷60g，花粉60g，姜黄60g，樟脑30g，大黄120g，川乌30g，雄黄60g，生草30g。

【用法】以上中药研末加姜片、大葱熬煮调糊状敷患处。

第二方

【主治】疮有脓不破者。

【处方】木鳖子、川乌各等份。

【用法】磨汁成水扫疮上即破。

第三节　疖

疖是指发生在肌肤浅表部位，范围较小的炎性化脓性疾病。其特点是肿势局限范围多小于3厘米，突起根浅，色红，灼热，疼痛，益脓，易溃，易敛。

第一方

【主治】疮疖。

【处方】杏仁。

【用法】在灯火上烧焦炼出油擦疖上有效。

第四节　流痰(骨结核)

流痰是一种发于骨与关节部位的感染性疾病。因其脓液可流窜于病变附近或较远的组织部位形成脓肿，脓液稀薄如痰，故名“流痰”。相当于现代医学的骨与关节结核。

第一方

【主治】骨结核。

【处方】红葱500g，老生姜250g，白酒180g。

【用法】共捣为糊状敷患处。

第二方

【主治】骨结核。

【处方】藤黄9g，凡士林适量。

【用法】调和敷患处，每隔7日换药1次。

第五节　瘰疬

瘰疬是一种发生于颈部的慢性感染性疾病。结核累累如串珠状，故名瘰疬，又名“痨子颈”“老鼠疮”，属于现代医学的颈淋巴结核。多见于体弱儿童和青年女性，好发于颈部及耳后。起病缓慢，初起时结核如豆，不红不痛，逐渐增大，融合成串，溃后脓水清稀，夹有饭絮样物，此愈彼溃，经久难愈。形成窦道，愈后形成凹陷性疤痕。

第一方

【主治】鼠疮溃烂，久不愈合。

【处方】马蜂窝30g（烧灰存性），梅片0.9g。

【用法】以上中药用醋熬膏涂于患处。

第二方

【主治】颈淋巴结核。

【处方】白芥子15g，广木香15g。

【用法】以上中药装在膳羊角内，口用纸封固火炙为末，用黄酒冲服，每服9g。

第三方

【主治】颈淋巴结核。

【处方】斑蝥1个，鸡蛋1个

【用法】将蛋清和蛋黄倾出用纸糊口饭锅蒸熟，每早晚吃1个。无论结核未破，轻者30天，重者100天即消。

第四方

【主治】颈淋巴结核。

【处方】皂角子120g，射干15g。

【用法】以上中药共研细末，每服9g，黄酒冲服。

第五方

【主治】颈淋巴结核。

【处方】元参30g，全蝎4.5g，蜈蚣3条，海藻30g，浙贝15g，射干10g，牡蛎15g，甘草9g，夏枯草30g。

【用法】以上中药共研为细末，每服1.5g，每日1剂，黄酒送服。此方效佳，一般服后1剂减轻,2剂痊愈。

第六方

【主治】颈部颌下淋巴结肿大,低热、肿痛、胸胁胀满、咳嗽等。

【处方】夏枯草30g,连翘30g,二花30g,蚤休30g,猫爪草20g,蒲公英30g,丹参30g,柴胡30g,香附30g,淅贝母20g,桔梗30g,牡蛎30g,鳖甲20g,山甲20g,海藻30g,昆布30g。

【用法】以上中药共研为细末,每服9g,每日2次食后服。本方也治淋巴管炎,还可试治甲状腺肿大。

第七方

【主治】颈淋巴结核,附睾结核。

【处方】蜈蚣1条(去头足)。

【用法】研细开水冲服,每日1次。疗效极佳。

第八方

【主治】单纯淋巴结肿大。

【处方】蜈蚣1条(去头足)。

【用法】研细末,装入鸡蛋内,蒸熟吃,每天1个,10天为1疗程。

第六节　臁疮

臁疮指发生在小腿下部的慢性溃疡,又称"裤口毒""裙边疮",本病多继发于恶脉(下肢静脉曲张)和丹毒等病。临床特点为多发于小腿中下1/3交界处外侧,溃疡发生前患部长期皮肤瘀斑、粗糙,溃烂后疮口经久不愈或虽已经收口,每易因局部损伤而复发。

第一方

【主治】臁疮日久不愈。

【处方】紫草30g(研末)。

【用法】狗油调敷患处。

第二方

【主治】臁疮日久不愈(下腿溃疡)。

【处方】白椿皮30g,冰片9g。

【用法】共研为细末,撒布局部包扎,7日即愈。

第三方

【主治】臁疮。

【处方】陈石灰30g,生桐油30g。

【用法】共捣为泥贴患处有效。

第四方

【主治】臁疮。

【处方】榆树皮(去粗皮)。

【用法】臼内捣饼,贴患处。

第五方

【主治】臁疮。

【处方】黄柏30g,苍术30g。

【用法】共研为细末与豆腐调到一起,敷患处。

第七节 褥疮

久病卧床,压迫成疮,称为“褥疮”,亦称“席疮”。多见于瘫痪、久病重病长期卧床不起的病人。其特点是好发于易受压和摩擦的部位,局部皮肉腐烂流脓,经久不愈。

第一方

【主治】褥疮日久不愈。

【处方】海螵蛸9g(去甲),公猪肉皮15g(烤黄),凡士林少许。

【用法】以上中药共为细末,用凡士林调成软膏敷患处数次即愈。

第八节 无名肿毒

无名肿毒是骤然于体表局部发生红肿的一种症候,因发无定处故名。症状或痛或痒,严重者焮赤肿硬,患部附近的淋巴结肿大。可因内有郁热或感受外邪风毒而发。

第一方

【主治】无名肿毒。

【处方】宁麻根,赤小豆。

【用法】共研末,鸡蛋清调和贴敷患处。

第二方

【主治】搭背初期肿痛。

【处方】青黛3g,马齿苋30g。

【用法】以上中药研末用蜜调成糊状敷患处,每日早晚各1次。

第三方

【主治】搭背焮肿。

【处方】胡桃2个(烧炭),陈石灰6g,百草霜6g,白面6g,冰片1.5g。

【用法】共研为细末,凉水调成膏贴患处10日愈。

第四方

【主治】头面肿大,眼目难睁。

【处方】芙蓉叶60g。

【用法】研末,用香油调敷患处。

第二章　痔　瘘

属现代医学肛门直肠疾病，包括痔疮、肛瘘、肛裂、肛门直肠周围脓肿、直肠脱垂、肛管直肠癌等。

第一节　痔疮

痔疮是直肠末端黏膜下和肛管皮肤下的静脉丛发生扩大、曲张所形成的柔软静脉团。临床以便血、脱出、肿痛为特点，根据其发病部位的不同，有内痔、外痔和混合痔之分。

第一方

【主治】痔疮出血。

【处方】陈皮6g，川朴4.5g，焦芥4.5g，防风4.5g，生地4.5g，槐米6g，大黄6g，生草3g。

【用法】水煎服。

第二方

【主治】痔疮下血。

【处方】酸枣根(去皮微炒)。

【用法】水煎服。

第三方

【主治】痔疮。

【处方】乌龟头。

【用法】焙干研细，调香油涂擦患处，连敷数周可愈。

第四方

【主治】外痔。

【处方】公猪苦胆1个。

【用法】挤出胆汁涂患处，每天1～2次。

第二节　肛痈

肛痈是由肛管直肠周围间隙发生的急慢性感染而形成的脓肿。属现代医学的肛门的直肠周围脓肿，简称“肛周脓肿”。其特点是多发病急骤，疼痛剧烈，伴寒战高热，破溃后大多形成肛漏。

第一方

【主治】肛门周围脓肿。

【处方】苍术9g，黄柏9g，当归尾9g，赤芍9g，银花9g，皂刺9g，黄芩9g，槐角9g，地榆9g，连翘9g，制乳香6g，制没药6g，丹参9g，土茯苓9g，白鲜皮9g，生大黄6g。

【用法】水煎服，每日2次。

第三节 肛漏

肛漏是指大肠或肛管与肛门周围皮肤相通而形成的异常管道，也称“肛管直肠瘘”，简称“肛瘘”。肛瘘多是肛痈的后遗症。临床分为化脓性和结核性两类。其特点是以局部反复流脓、疼痛、瘙痒为主要症状，并可触及或探及瘘管通向肛门或直肠。

第一方

【主治】各种漏症日久不收口流水不止者。

【处方】黄蜡90g，琥珀15g，枯矾60g，没药60g。

【用法】以上中药和在一起上火，温热为丸如桐子大，每服30丸，黄酒送下。

第四节 脱肛

脱肛是直肠黏膜、肛管、直肠全层和部分乙状结肠向下移位而脱出肛门外的一种疾病。属于现代医学的直肠脱垂。其特点是直肠黏膜及肠全层反复脱出肛门外，伴肛门松弛。

第一方

【主治】气虚脱肛或久泻脱肛。

【处方】鳖头5个。

【用法】新瓦焙干研为细末，每日早晨空心黄酒冲服3g。

第二方

【主治】脱肛。

【处方】黄芪6g，升麻1.5g，防风3g。

【用法】水煎服。

第三方

【主治】脱肛。

【处方】蜘蛛7只(去腿)。

【用法】将蜘蛛焙干研细,调香油敷患处,7天可愈。

第四方

【主治】脱肛。

【处方】龙骨、牡蛎各10g。

【用法】焙干研细香油调服有特效。

第五方

【主治】脱肛。

【处方】老鳖1个。

【用法】刀割鳖头血抹肛门部;鳖颈用瓦焙干碾细,开水冲服;鳖肉煮熟,吃肉喝汤,补虚而愈。

第五节 疝气

疝气即人体内某个脏器或组织离开其正常解剖位置,通过先天或后天形成的薄弱点、缺损或空隙进入另一部位。常见的有脐疝、腹股沟直疝、斜疝、切口疝、手术复发疝、白线疝、股疝等。疝气多因咳嗽、喷嚏、用力过度、用力排便、妇女妊娠、小儿过度啼哭、老年腹壁强度退行性变等原因引起。

第一方

【主治】小肠疝气。

【处方】黄酒250g,鸽子粪1把。

【用法】以上中药放在小口坛子内,用火烧热熏睾丸出汗为止,连熏3～4次即愈。

第二方

【主治】疝气。

【处方】公猪腰子7个,糯米、丁香、木香、肉桂各9g,小香15g。

【用法】以上中药同入猪尿泡内煮1小时去尿泡将药研末,分7次服。

第三方

【主治】秃疝。

【处方】桑螵蛸7个(烧干为末)。

【用法】黄酒250g冲服。

第四方

【主治】小儿疝气。

【处方】升麻2.1g,乌药6g,霜茄子为引。

【用法】水煎服，连服甚效。

第五方

【主治】疝气。

【处方】独头蒜，麝香适量。

【用法】捣在一起敷在脐上，辅料盖之有效。

第六方

【主治】疝气。

【处方】白胡椒7粒，珍珠粉0.3g。

【用法】共研末敷脐上，用膏药贴住有效。

第三章　皮肤病

第一节　癣病

癣病是由于霉菌感染引起的一种疾病。

一、顽癣

第一方

【主治】顽癣。

【处方】鲜松叶。

【用法】用火焚之使其冒烟，以烟熏患处有效。

第二方

【主治】顽癣。

【处方】信石3g，凡士林27g。

【用法】制成软膏，涂擦患处有效。

第三方

【主治】顽癣。

【处方】青皮、胡桃各等份。

【用法】共捣为糊敷患处。

第四方

【主治】顽癣。

【处方】生半夏3g，斑蝥3g。

【用法】以上中药共研细末，用醋调和敷患处起泡脱皮，一次即愈。

第五方

【主治】顽癣，牛皮癣。

【处方】独头大蒜，陈醋。

【用法】独头大蒜去皮，蘸陈醋在锈铁刀上磨汁，涂患处。

二、鹅掌风(手足癣)

第一方

【主治】鹅掌风。

【处方】白矾120g，皂矾120g，儿茶15g，柏叶2.4g，河水10碗。

【用法】将药煎后放桶中,以麻布遮桶口,用桐油涂掌上隔布面熏。

三、甲癣(灰指甲)

第一方

【主治】灰指甲。

【处方】白藓皮 100mg,土茯苓 100mg,乌梅 100mg,苦参 100mg,黄柏 100mg,百部 100mg。

【用法】以上中药混合水煎后,加复方阿司匹林(APC)10g,加醋 1000mL。泡脚,每日1次。

第二节 秃疮

以头皮生白屑,头发脱落成秃疮为临床特征的细菌感染性疾病。多互相接触传染,容易在卫生条件较差的地区流行。特点是头皮上出现单个或多个圆形不规则的大片灰白色的鳞屑斑,边界清楚。病发失去光泽,常在近头皮处折断,头发长短参差不齐,病程缓慢,头发可再生,不遗留瘢痕。

第一方

【主治】秃疮。

【处方】未出蛋小鸡1个。

【用法】在热水泡后去壳,把小鸡在患处涂擦。

第二方

【主治】秃疮。

【处方】水蒿根60g,川花椒30g,乌梅3个。

【用法】捣细为泥敷患处。

第三方

【主治】白秃头疮。

【处方】用抱过小鸡的壳7个。

【用法】炒为末,香油调涂患处。

第四方

【主治】秃疮。

【处方】阴沟泥少许,独头蒜1头。

【用法】共捣成泥擦头上,用破毡帽包之,泥干即愈。

第五方

【主治】秃疮。

【处方】腊梅花、黄香、水蒿根各等份。

【用法】研末，蜜调涂患处。

第六方

【主治】治小儿秃疮。

【处方】松香，猪油30g。

【用法】以上中药混合一处同熬。涂擦患处，1日数次。

第七方

【主治】秃疮。

【处方】松香15g(为末)，槐条1根。

【用法】黄表纸裹住蘸些菜油点着，把滴下之油接在碗内涂擦患处，3日即见效。

第八方

【主治】秃疮。

【处方】鲜姜、白酒各等份。

【用法】共捣，入泥笼蒸，先将秃疮洗干净，然后将药糊上，用热毛巾抱住，不令见风。六七日后再用上方治一次，将药取下后连用鲜姜切片擦头部。

第九方

【主治】秃疮。

【处方】苇子席。

【用法】烧灰香油调和敷患处，连敷即愈。

第十方

【主治】秃疮，不长头发。

【处方】六七十岁的老婆尿。

【用法】用毛巾蘸湿盖在头上，每日3次，连用1周即愈。

第十一方

【主治】头癣秃疮。

【处方】猪骨髓1团，轻粉6g，雄黄4.5g。

【用法】共研为细末调敷患处。

第十二方

【主治】多年头疮不愈。

【处方】马齿苋30g。

【用法】捣敷患处。

第三节　黄水疮

黄水疮是一种发于皮肤有传染性的化脓性皮肤病。属于现代医学的脓疱疮。主要表现为浅表性脓庖和脓痂，有接触传染和自体接种的特性。

第一方

【主治】黄水疮。

【处方】生黄柏90g，煅蛤粉90g，冰片9g。

【用法】黄柏碾细加蛤粉，冰片拌匀，以麻油调后涂之。

第二方

【主治】黄水疮。

【处方】鲜鸡蛋。

【用法】将鸡蛋煮熟后，除去蛋白，将蛋黄炼成油，加入黄连粉，调敷患处。

第三方

【主治】黄水疮，疥疮，干湿癣，多年顽癣，湿疹。

【处方】硫黄、吴茱萸各等份。

【用法】以上中药放入酒精内，点火后搅拌，烧至焦黑。将取出研成细末，用凡士林调成10%软膏应用。

第四方

【主治】黄水疮。

【处方】黄连3g，黄瓜杆15g。

【用法】黄瓜杆烧灰存性与黄连共研末，香油调敷患处即愈。

第五方

【主治】黄水疮，头上湿疮，皮肤湿疖。

【处方】硫磺60g，煅石膏60g，白芷30g，黄柏30g，苍术90g，大黄30g，松香60g，枯矾30g，木鳖子24g，厚朴30g，樟脑15g，生草30g。

【用法】以上中药共研为细末，麻油或菜油调敷患处。

第六方

【主治】黄水疮。

【处方】各种车轴油。

【用法】用刚磨热的涂擦患处有效。

第七方

【主治】黄水疮。

【处方】五倍子、白酒各等份。

【用法】五倍子扎一小口将白酒装入,用火烧之后,将白酒烧干后,研细末用香油调和敷患处。

第八方

【主治】黄水疮。

【处方】铜灰。

【用法】用香油调和敷患处有效。

第九方

【主治】黄水疮。

【处方】紫草、硼砂各等份。

【用法】共研末,用油灯下边油调和敷患处有效。

第十方

【主治】黄水疮湿疹。

【处方】黄连粉5g,氧化锌3g,散酸1g。

【用法】混合研末,外敷有效。

第十一方

【主治】黄水疮。

【处方】乌梢蛇1条。

【用法】烧灰研末,撒在患处有效。

第十二方

【主治】黄水疮。

【处方】松香、广丹各等份。

【用法】共研细末,香油调擦之。

第十三方

【主治】遍身破烂黄水疮方。

【处方】豆腐500g,硝牙30g。

【用法】将豆腐中间取洞,将硝牙入内封盖用麻扎紧,再用黄酒1大碗锅内烧开,将豆腐用酒蒸1小时酒干为度,再将豆腐取出,焙干研末真菜油调匀敷于疮上。

第四节 带状疱疹

带状疱疹由水痘—带状疱疹病毒引起的,是一种同时侵犯神经和皮肤的病毒性疾病。

第一方

【主治】带状疱疹。

【处方】胆草15g,黄芩12g,黄柏9g,大青叶10g,板蓝根10g,桃仁9g,远志9g,枣仁9g,元胡9g,白芍9g,柴胡9g。

【用法】水煎服,每日2次。

附注:荏子(食用荏子)适量,将荏子研细如泥状,外涂疱疹处,疗效极佳。止痛止痒效佳。

第五节　疣

疣是指发生于浅表的病毒性赘生物。

第一方

【主治】扁平疣。

【处方】鸡蛋1个,醋500g。

【用法】醋泡鸡蛋3天后,待鸡蛋皮软化后,取鸡蛋汁涂疣病处。

第二方

【主治】扁平疣。

【处方】鲜蒲公英适量。

【用法】取鲜蒲公英汁涂疣瘤部,涂10余日疣瘤可脱落。

第三方

【主治】扁平疣。

【处方】鸦胆仁1份,血竭1份,生石灰2份。

【用法】先将血竭、生石灰研细,将鸦胆子捣为泥状,与以上中药调匀。置瓶内备用,将药粉量涂于疣体上,稍用力搓动,并加一定压力,约1～2分钟后,疣体即可脱落。

第四方

【主治】扁平疣。

【处方】苡仁60g,栀子20g。

【用法】水煎服,每日2次。

第五方

【主治】扁平疣。

【处方】苡仁60g,炙黄芪15g,大青叶15g,马齿苋20g,红花10g,紫草10g。

【用法】水煎服,每日2次。

第六方

【主治】扁平疣。

【处方】生猪油适量。

【用法】将生猪油涂于疣瘤部，连涂7日为1疗程。

第七方

【主治】疣。

【处方】生地、赤芍、丹皮、桃仁、红花、银花、板蓝根、苦参、苡米、地肤子、僵蚕、甘草各等份。

【用法】水煎2次，兑在一起分3次饭后服，每日1剂。将药渣煎水放入白矾9g融化，洗患处，每日2次，乘热擦洗。

第八方

【主治】寻常疣。

【处方】鸡蛋7枚，醋50～70mL。

【用法】鲜鸡蛋7枚，煮熟后，剥去蛋壳，用竹筷刺孔，浸食醋50～70mL，浸泡2～4小时后食用。每次吃鸡蛋2个。

第九方

【主治】手瘊子。

【处方】羊角角蔓草。

【用法】将之折断用流出白汁涂瘊子，共抹3次，实有奇效。

第十方

【主治】皮肤生瘊。

【处方】鼠妇(即湿生虫、麻鞋底)。

【用法】将瘊子用刀割开，鼠妇在瘊子上抹几次即可。

第六节 疥疮

疥疮是由疥虫引起的接触传染性皮肤病。

第一方

【主治】疥疮。

【处方】蒲公英。

【用法】将蒲公英杆子上的白水扎出，擦患处有效。

第二方

【主治】疥疮。

【处方】雄黄20g，防风10g，白矾15g，硫黄30g，荆芥10g，白藓皮10g，蛇床子15g，苦参30g，百部20g，甘草6g。

【用法】水煎外洗。

第七节　杨梅疮

杨梅疮是指梅毒螺旋体引起的传染性皮肤病。

第一方

【主治】杨梅疮。

【处方】土茯苓120g。

【用法】水煎，每日1服，连续服用。

第八节　冻疮

冻疮是由于寒冷刺激，引起局部血管痉挛，瘀血所致。

第一方

【主治】冻疮。

【处方】犀角、蜂蜜、凡士林各等份。

【用法】先将凡士林加热消毒后放冷，用蜂蜜调匀敷患处有效。

第二方

【主治】冻疮。

【处方】茄子根1把。

【用法】煎水洗患处。

第九节　手足皲裂

手足皲裂是由于冬季皮脂腺分泌减少，皮肤干燥，加之长期受理化因素影响，使皮肤增厚，失去弹性，当局部皮肤屈伸活动时发生皲裂。

第一方

【主治】手掌皲裂。

【处方】甘草30g（切片），75%酒精100mL。

【用法】将甘草片浸入酒精内，24小时后滤出浸液，去渣，加入与浸液同量的甘油和蒸馏水，即浸液甘油和1份，调匀而成。将患处洗净，用以上中药擦敷，每日3次，一般4～5日，皲裂逐渐消失。

第二方

【主治】手掌皲裂。

【处方】生地30g，熟地30g，白蒺藜15g，川牛膝9g，知母15g，生黄柏9g，枸杞子

15g，菟丝子5g，独活15g。

【用法】共研为细末，炼蜜成丸如弹子大，每丸重9g。如作汤剂服用，分量减半。

第三方

【主治】脚裂。

【处方】食盐500g。

【用法】将食盐加水1000g烧开煮化，稍冷泡脚，每晚1次，7天即愈。

第十节 鸡眼

鸡眼是一种局限性圆锥形角质增生物，尖端深入皮内，基底露于表面，是圆形，状如鸡眼故名。

第一方

【主治】鸡眼。

【处方】蜈蚣（中药）2条。

【用法】先用温水烫脚，刮去鸡眼部表皮，将蜈蚣焙干研细，加水调敷患处，每晚1次，7日除根。

第二方

【主治】鸡眼。

【处方】水杨酸36g，元寸9g，冰片2.4g，朱砂0.6g。

【用法】以上中药共研细末敷患处，以胶布贴住。

附注：以上中药加猪胆汁治淋巴结核外用有效。

第十一节 过敏性皮炎

过敏性皮炎指皮肤因某种外来致敏物质所引发的一种急性炎症。

第一方

【主治】过敏性皮炎（漆过敏）。

【处方】白芷6g，当归6g，土茯苓6g，防风6g，白芨6g，川牛膝6g，芥穗6g，生姜6g，川芎6g，元桂6g，生地6g，白藓皮6g，蝉衣3g，白芍6g，生黄芪6g，党参6g（成人量）。

【用法】水煎服，每日2次。

第二方

【主治】过敏性皮炎（漆过敏）。

【处方】七厘散。

【用法】按说明服用。

第三方

【主治】过敏性皮炎(漆过敏)。

【处方】蜈蚣2条(去头足)。

【用法】研细开水冲服,每日2次。

第四方

【主治】过敏性皮炎(漆过敏)。

【处方】椿树皮、椿根皮(二皮)适量。

【用法】水煎,外洗患处。

注:以上四方配合使用,治疗顽固性漆疮,疗效极佳。忌食辛辣及调和食用调味品。

第五方

【主治】皮肤漆疮。

【处方】螃蟹2个,蜈蚣1条。

【用法】共研为细末,清油调敷患处。

第六方

【主治】皮肤漆疮。

【处方】螃蟹3个。

【用法】煎汤洗患处。

第七方

【主治】皮肤漆疮。

【处方】荷叶6g。

【用法】水煎服。

第十二节　荨麻疹

荨麻疹常由于肌体对某种食物、药物、花粉等因素过敏而引起,骤然发生,迅速消退,愈后不留任何痕迹。

第一方

【主治】荨麻疹。

【处方】党参9g,升麻9g,黄芪9g,柴胡12g,焦白术12g,防风12g,当归9g,陈皮12g,石膏9g,花粉12g,生姜9g,防己15g,炙草12g,大枣12g。

【用法】水煎服。

第二方

【主治】荨麻疹。

【处方】防风9g，荆芥9g，苦参9g，石膏15g，蛇床9g，凤眼草30g，焦东楂9g，枳实9g。

【用法】水煎服。

第三方

【主治】风团发作，兼见气血虚弱，心悸气短，舌淡脉细沉。

【处方】当归，白芍，川芎，生地，黄芪，首乌，白藓皮，荆芥，防风，甘草。

【用法】水煎服。

附注：此方加苍术、苡米亦可治疗湿疹，再加黄柏、僵蚕、乌蛇川、牛膝治疗两下肢臁疮也有效。

第十三节　湿疹

湿疹是过敏性皮肤炎性反应，是一种常见的多发的皮肤病。其特征为皮疹具有多型性，对称分布，易于渗出，反复发作，自觉瘙痒，易演变复发成慢性，可发于全身或局部，中医的“旋耳疮”“绣球风”“奶癣”等，皆属湿疹范畴。

第一方

【主治】绣球风（阴囊湿疹）。

【处方】硫黄、吴茱萸各9g，氧化锌6g。

【用法】将以上中药共研为细末，用适量猪脂或凡士林混合均匀调为膏，以粗白布包扎。使用时于火上烘烤，令膏软化，轻轻涂擦阴囊湿疹处1～2次即愈。

第二方

【主治】湿疹。

【处方】洋芋。

【用法】去皮捣成糊状，涂之甚效。

第三方

【主治】湿疹。

【处方】谷糠油。

【用法】将盆子上盖1张纸用绳子绑好，将谷糠倒在上边，用火点着往下淋油，将淋之油涂擦有效。

第四方

【主治】湿疹。

【处方】川军15g，芒硝15g，木鳖子15g。

【用法】水煎,芒硝冲服。

第五方

【主治】湿疹。

【处方】三仙丹9g,轻粉9g,黄柏9g。

【用法】以上中药混合研细,用猪油或凡士林调成糊状,外涂患处。

第六方

【主治】湿疹。

【处方】松香(黄香)30g,青黛12g,枯矾20g。

【用法】先将松香研极细末,另将青黛和松香研极细末,然后将3种药合在一起再研极细至无声为止。用芝麻油调拌至黏糊状,贴敷于患处,每日1次。

附注:疮面不要见水,以防感染,忌辛辣刺激食物等。

第七方

【主治】顽固性旋耳疮。

【处方】石膏4.5g,柴胡6g,焦栀2.1g,胆星0.6g,生草1.5g。

【用法】水煎服。

第十四节　神经性皮炎

神经性皮炎是一种神经功能失调引起的皮肤病。情绪波动,精神紧张,局部摩擦刺激常为诱因。皮损是苔藓样变,阵发性剧痒是其特征。

第一方

【主治】神经性皮炎。

【处方】苍术9g,大枫子30g,苦参9g,白藓皮30g,防风9g,鹤风草12g,松香12g,五倍子15g,黄柏9g。

【用法】以上中药共研为细末,将药粉撒在易燃纸上,边撒边卷,卷成30cm长,直径2cm的纸卷,用糨糊贴封两端。用火点燃一端,置于距离患者皮肤2cm处或以患者自感舒适为准,每日3次,每次20～30分钟,直至病愈为主。

第十五节　银屑病(牛皮癣)

银屑病是一种常见多发的红斑鳞屑性皮肤病。无传染性,病程缓慢,易反复发作,与感染、代谢、内分泌障碍及自身免疫系统有关,俗称“牛皮癣”。

第一方

【主治】牛皮癣。

【处方】黄牛皮(烧灰存性)。

【用法】研末,香油调敷患处有效。

第二方

【主治】牛皮顽癣。

【处方】牛角甲不拘多少(烧灰存性)。

【用法】研末,香油调敷患处有效。

第十六节　痤疮

痤疮是发生于青年较常见的慢性炎性皮肤病,俗称"粉刺"。

第一方

【主治】痤疮(面部胸背,炎症性丘疹、脓疱、结节,常伴有潮红,痒痛)。

【处方】银花,连翘,黄芩,蚤休,地丁,公英,百花蛇舌草,白芷,蝉衣,红花,甘草。

加减:若发于额部加葛根,两颧部重者加柴胡,热甚者加黄连栀子,便秘加大黄,脓肿硬结加桃仁、赤芍,痒剧加僵蚕。

【用法】水煎服。

第二方

【主治】面部起粉刺。

【处方】元寸、水银、樟脑、大枫子、胡桃仁各等份。

【用法】共捣如泥,每晚临睡前将面洗净,将药用纱布包住,往脸上擦之甚效。

第三方

【主治】面部粉刺。

【处方】蔓荆子20g。

【用法】研细,加入凡士林油膏中,每晚涂面部,数日即愈。

第四方

【主治】粟粒疹。

【处方】蒲公英1撮,白矾少许。

【用法】煎汤擦敷患处。

第十七节　白癜风

白癜风是一种原发性,后天性,限局性色素脱失的皮肤病。

第一方

【主治】白癜风。

【处方】白附子少许。

【用法】以上中药醋研汁涂局部。

第十八节　其他皮肤疾病

一、色素斑

色素斑是皮肤黑色素颗粒分布不均匀导致局部出现比正常肤色深的斑点、斑片。

第一方

【主治】色素斑。

【处方】山药适量。

【用法】将山药用醋(食用醋)泡3天,外涂患处。

第二方

【主治】小儿面上发黑点。

【处方】小米汤。

【用法】煎汤洗之,数次即退。

二、雀斑

雀斑是常见于局部较小的黄褐色或褐色的色素沉着斑点,为常染色体显性遗传。尤以夏季重,病变发展与日晒有关。

第一方

【主治】雀斑。

【处方】牙皂30g,浮萍草30g,白梅肉30g,柑樱30g,桃枝30g,鹰粪白9g。

【用法】以上中药共研为细末,每日早晚用少许在手心内加水调成浓汁擦敷面部,良久,以温水洗之,一般用至7～8日后即消失。

三、脚气

脚气系真菌感染引起,其皮肤损害往往是先单侧发生,数周或数月才感染到对侧。水疱主要出现在趾腹和趾侧,为深在性小水疱,可逐渐融合成大疱。脚气的皮肤损害特点是边界清楚,逐渐向外扩展。因病性发展或搔抓,可出现糜烂、渗液,甚或细菌性感染,出现脓疱等。

第一方

【主治】脚气。

【处方】茄子秆、叶。

【用法】将茄子秆连叶加火共煮后，置于洗脚盆内约10分钟。趁热把两足置于盆内片刻，再用叶贴敷于足部，每日1次。

第二方

【主治】脚气。

【处方】桐树花200g。

【用法】水煎泡脚，每日1次。

第三方

【主治】脚气。

【处方】红花3g，川芎3g，防风6g，细辛6g，白芷6g，头发少许(烧灰)。

【用法】以上中药混合研为细末，加水调糊状，敷患处几天自愈。

第四方

【主治】脚气。

【处方】明矾、枯矾各等份，冰片少许。

【用法】以上中药混合研为细末，加水调擦足部，每晚1次，3日可根除。

四、脚汗

脚汗较多的原因有可能是足部汗腺丰富或支配汗腺的神经丰富和敏感所致。更有可能是穿的鞋不透气，分泌的汗水不能及时蒸发、散失才造成的。

第一方

【主治】脚汗。

【处方】葛根30g，明矾6g。

【用法】水煮泡脚，连泡7天即愈。

第四章　伤科疾病

第一节　跌打损伤

跌打损伤指各种外伤等,在此主要以软组织损伤为主,主要表现为局部组织的肿胀、疼痛等。

第一方

【主治】跌打损伤,腰痛,瘀血不和。

【处方】当归9g,白芍4.5g,丹皮4.5g,泽泻4.5g,香附6g,川芎4.5g,桃仁4.5g,苏木4.5g,红花4.5g,杜仲6g,螃蟹1个,生姜引。

【用法】水煎服。

第二方

【主治】跌打损伤,局部肿痛。

【处方】制半夏6g,儿茶9g,僵虫6g。

【用法】共为细末,日服3次,每次1.5g,黄酒冲服。

第三方

【主治】跌打损伤,消肿止疼。

【处方】三七9g,红花3g,川芎3g,生军3g,当归6g,白芷3g,黄酒引。

【用法】水煎服。

第四方

【主治】跌打损伤,小便不利。

【处方】瞿麦4.5g,车前子6g,半夏1.5g,熟军1.5g,川芎3g。

【用法】水煎服。

第五方

【主治】跌打胸部疼痛。

【处方】没药6g,乳香3g,黄连3g,贝母6g,川牛膝9g,银花9g,防风6g,生姜、大枣引。

【用法】水煎服。

第二节 烧伤

烧伤是由于热力(火焰、灼热的气体、液体或固体)、电能、化学物质、放射线等作用于人体而引起的一种急性损伤性疾病,常伤于局部,波及全身,可出现严重的全身性并发症。

第一方

【主治】水火烫伤。

【处方】芝麻油,白糖或蜂蜜。

【用法】芝麻油煎熟加入白糖30g或蜂蜜均可,为膏敷患处,连用数日愈。

第二方

【主治】火烧伤。

【处方】豆油或人尿。

【用法】擦洗患处有效。

第三方

【主治】水火烫伤。

【处方】黄瓜或南瓜。

【用法】将之装在罐里盖好埋在土里,候数月取出备用,将药水涂擦患处有效。

第四方

【主治】火烧伤。

【处方】鲜柳树叶。

【用法】炒焦研末,香油调敷患处,连敷有效。

第五方

【主治】火烧伤。

【处方】黄精、金英子叶(炒焦)各等份。

【用法】共研为细末,用浓茶调和敷患处有效。

第六方

【主治】火烧伤。

【处方】生大黄、生石膏、生儿茶各30g。

【用法】共研细末,撒敷患处有效。

第七方

【主治】水火烫伤。

【处方】蚯蚓1条,冰片3g,白糖6g。

【用法】同放在瓶内化为水,将化之水涂擦患处有效。

第八方

【主治】水火烫伤。

【处方】赤石脂、寒水石、大黄各等份。

【用法】共研末，香油调和涂擦患处，每日2次，连擦有效。

第九方

【主治】水火烫伤。

【处方】白芷30g，紫草30g，忍冬藤30g，白蜡15g，冰片1.5g。

【用法】将以上中药泡在香油内，将药熬焦过滤后再熬油，然后放入白蜡、冰片为膏备用。用时涂患处。

第十方

【主治】水火烫伤。

【处方】核桃仁。

【用法】烧黑研末，香油拌敷患处。

第十一方

【主治】一切汤火烧伤。

【处方】赤石脂3g，南星2.1g，凉黄3g，生草1.5g，寒水石6g。

【用法】共为细末，用水调均擦患处。

第三节　疤痕

疤痕是理化、生物等因素损害作用于人体皮肤软组织，导致皮肤软组织的严重损伤而不能完全自行正常修复，转由纤维组织替代修复留下的既影响外观又影响功能的局部症状。

第一方

【主治】疤痕增生痒痛。

【处方】伤湿止痛膏（中成药），马应龙痔疮膏（成药）。

【用法】将马应龙痔疮膏涂于疤痕部，再将伤湿止痛膏外包贴于疤痕处，有良好的消除疤痕作用。

第二方

【主治】手术后疤痕。

【处方】当归9g，白藓皮9g，银花9g，苦参9g，丹参9g，薄荷5g，土茯苓9g，桃仁9g，玄参9g，荆芥6g，栀子6g，黄芪9g，皂刺6g，生草6g，红花6g。

【用法】水煎服，每日2次。连服10天为1疗程。

第三方

【主治】手术后疤痕。

【处方】马应龙痔疮膏。

【用法】外敷疤痕部。

附注:以上二方内服及外敷配合应用,治疗疤痕疗效极佳。

第四节　肌肉疼痛

由于外伤或突然大量运动导致局部或全身肌肉损害,可引起局部肌肉疼痛或全身肌肉疼痛。

第一方

【主治】周身肌肉痛。

【处方】当归、川芎、元胡、秦艽、肉桂、天麻各等份。

【用法】共研细末,每日2次,每次服9g,白酒15g送下。酒多饮者更好。

第二方

【主治】外伤腰痛。

【处方】当归9g,赤芍6g,细辛3g,焦杜仲9g,牛膝9g,续断9g,乳香9g,没药9g,三七3g,麝香0.15g。

【用法】将麝香、三七共为细末贮瓷瓶内待用,其他药另煎。水煎服,每日1剂,分2次服,用汤药将麝香、三七末分2次冲服。

第三方

【主治】外伤腰痛。

【处方】当归9g,红花9g,乳香9g,没药9g,透骨草1.5g,伸筋草9g,千年健9g,追地风9g,五加皮9g,地骨皮9g,血竭9g,木瓜9g,川牛膝9g,甘草4.5g,防风9g,桂枝4.5g,苍术9g。

【用法】水煎成汤药,趁热外洗,注意避风。

第五章 其他外科疾病

第一节 肠痈

肠痈指发生于肠道的痈肿，属于现代医学的急性阑尾炎等，其特点是腹痛起始于胃脘或脐周，数小时后转移至右下腹，伴发热、恶心、呕吐、右下腹持续性疼痛并拒按。

第一方

【主治】阑尾炎。

【处方】蒲公英15g，金银花15g，乳香4.5g，没药4.5g，花粉6g，当归15g，赤茯苓6g，甘草2.1g。

【用法】水煎服。

第二方

【主治】阑尾炎。

【处方】青皮9g，陈皮9g，枳壳9g，连翘9g，银花9g，乳香9g，甘草6g，大黄3g。

【用法】水煎服，每日2次。

第二节 蛇蝎伤

蛇蝎伤指人体被毒蛇或蝎子咬伤，其毒液由伤口进入人体内而引起的一种急性全身性中毒性疾病。本病发症急、变化快，若不及时救治，常可危及生命。

第一方

【主治】毒蛇咬伤。

【处方】白米饭。

【用法】将之咀嚼成泥敷患处。

第二方

【主治】毒蛇咬伤。

【处方】烟袋油。

【用法】先用烟杆内烟油擦伤口，再用清水将烟杆内油冲下来喝。如觉香甜、伤重可多喝，如苦麻即病愈，可少喝。

第三方

【主治】毒蛇咬伤。

【处方】醋半碗,雄黄15g,五灵脂15g。

【用法】将醋半碗饮之,再用雄黄、五灵脂与醋再服。

第四方

【主治】蝎蛰。

【处方】马圈泥。

【用法】贴服患处即愈。

第五方

【主治】蝎蛰。

【处方】苏打粉。

【用法】敷伤处即效。

第六方

【主治】蝎蛰。

【处方】红糖。

【用法】涂抹患处止疼。

第三节 脱疽

脱疽是指发生于四肢末端,严重时趾(指)节坏疽脱落的周围血管疾病。见于现代医学之动脉硬化性闭塞症、糖尿病足、血栓闭塞性脉管炎等。其好发于四肢末端,以下肢多见。初起患肢末端发凉、怕冷、苍白、麻木、可伴间歇性跛行,继则疼痛剧烈,日久患趾(指)坏死变黑,甚至趾(指)节脱落。部分患者起病急、进展快、愈后严重,须紧急处理。

第一方

【主治】脉管炎。

【处方】黄芪15g,当归9g,熟地9g,焦白术9g,乳香9g,木瓜9g,牛膝6g,鸡血藤9g,桑枝4.5g,茯苓9g,生甘草2.1g,制川乌4.5g(开水先煎30分钟)。

【用法】水煎服,每日1剂,分2次服。

第二方

【主治】血栓闭塞性脉管炎。

【处方】当归20g,玄参20g,银花20g,公英9g,人参12g,茯苓9g,生草20g,三棱9g,莪术9g,制乳香9g,制没药9g,毛冬青9g。

【用法】水煎服,每日2次。

第四节　痞块

痞块,泛指腹内肿块。

第一方

【主治】痞块。

【处方】毒蛇7条,秋麻子叶1000g(即红杆麻)。

【用法】放在大锅内添水将以上中药淹没盖好熬40分钟过滤,再添水熬40分钟过滤去渣,两煎药水一起熬成膏备用。用药膏贴患处,每日2次,连贴即好。

第五节　肩周炎

肩关节周围受冷冻、外伤、感染等导致颈间部疼痛,故称“肩关节周围炎”。以颈肩部持续疼痛,患侧上肢抬高、旋转、前后摆动受限。遇风、遇冷疼痛加重等为特点。

第一方

【主治】肩周炎。

【处方】当归9g,川芎6g,川断9g,威灵仙6g,五灵脂6g,附子6g,天麻6g,桂枝6g,鸡血藤9g,丝瓜络6g,桑寄生9g,桃仁9g,豨莶草6g。

【用法】水煎服,每日2次。

第六节　肋间神经痛

肋间神经痛又名“肋间神经炎”,指肋间神经受到其他疾病原因而产生的压迫、刺激出现炎性反应,出现胸部肋间或腹部呈带状疼痛的综合征。其多为刺痛或灼痛,并沿肋间神经分布。

第一方

【主治】肋间神经痛。

【处方】当归9g,桃仁9g,瓜蒌12g,薤白12g,三七6g,鸡血藤9g,广木香6g,制乳香6g,制没药6g,豨莶草9g,伸筋草6g,丝瓜络6g,威灵仙9g,生草6g。

【用法】水煎服,每日2次。

第七节　骨质增生

骨质增生症是由于构成关节的软骨、椎间盘韧带等软组织变性、退化、边缘形成骨刺、滑膜肥厚等变化，而出现骨破坏，引起继发性的骨质增生，导致关节变形。当受到异常载荷时，引起关节疼痛、活动受限等症状的一种疾病。

第一方

【主治】骨质增生。

【处方】海桐皮15g，透骨草15g，杜仲9g，紫荆皮15g，伸筋草15g，木瓜12g，五加皮15g，稀莶草9g，桂枝9g，鸡血藤15g，络石藤9g，甘草4.5g。

【用法】碾碎后慢火煮沸2次，每次约20分钟，去渣取药汁待用。将药汁加温后洗患处，每日1次。

第二方

【主治】骨质增生。

【处方】象牙粉90g。

【用法】研极细末，每服1g，每日2次。

第八节　坐骨神经痛

坐骨神经痛是指沿着坐骨神经分布区域，以臀部、大腿后侧、小腿后外侧、足背外侧为重的放射性疼痛。分为根性、干性坐骨神经痛。

第一方

【主治】坐骨神经痛。

【处方】当归9g，黄芪9g，川芎9g，杜仲9g，牛膝9g，鸡血藤9g，丝瓜络9g，五灵脂9g，豨莶草9g，木瓜6g，桂枝6g，桑寄生9g，威灵仙9g，天麻6g(另包)，汉三七3g(另包)。

【用法】水煎服，每日2次。将三七、天麻研细混合，共分6包，每次1包冲服，每日2次。

第二方

【主治】坐骨神经痛(腰腿痛)。

【处方】川断、杜仲、牛膝各9g。

【用法】水煎服，每日1剂，7天即愈。

第九节　老幼手足高骨

此处指由多种原因导致的手足部骨头畸形。

第一方

【主治】老幼手足高骨，不能下去者。

【处方】黑附片不拘多少。

【用法】将黑附子放在高骨上，用艾灸之3～5次即愈。

第十节　血管瘤

血管瘤是先天性良性肿瘤或血管畸形，多见于婴儿出生时或出生后不久，瘤内血管自成系统，不与周围血管相连。

第一方

【主治】血管瘤。

【处方】云南白药适量。

【用法】用凡士林油膏调云南白药，敷血管瘤表面，疗效好。

第十一节　瘫痪

瘫痪是随意运动功能的减低或丧失，是神经系统常见的症状，瘫痪是上下运动神经元，锥体束及周围神经病变所致。

第一方

【主治】瘫痪。

【处方】槐花、桃枝、柳枝、荔枝各等份。

【用法】将以上中药切碎，加水300mL水煎待温，倒入大盆内浸洗下肢。洗后睡床上盖被出汗，避风，洗数次后即愈。

第十二节　腋臭

腋臭又称“狐臭”。主要症状是腋窝等褶皱部位散发难闻气味。腋臭具有遗传性。

第一方

【主治】腋臭。

【处方】紫丁香6g，冰片3g，石膏9g，密佗僧9g，滑石粉6g，枯矾10g。

【用法】将以上中药混合研细，每晚用肥皂水洗患处，拭净后用药粉涂患处。若汗太多，可制纱布袋装药粉挟腋部。

第十三节　须发早白

在45岁以后长白发属自然现象，无须治疗，在此之前须发变白，属须发早白，引起须发早白的原因有肾阴亏虚或营血虚热、肝郁气滞等。

第一方

【主治】须发早白。

【处方】首乌50g,酒地21g,旱莲草15g,女贞子15g,莲须15g,桑葚子15g,桔梗15g。

【用法】以上中药共为细末,每次白开水冲服9g,每日3次,煎汤量可酌减。

第二方

【主治】头发早白。

【处方】龟尿不拘多少。

【用法】擦头发数次即黑。

第三方

【主治】头发早白。

【处方】女贞子250g。

【用法】白酒500g泡女贞子10天,适量分服。

第四方

【主治】头发早白。

【处方】小蓟(中药)100g。

【用法】研细,每次10g,每日2次,开水冲服。

第五方

【主治】少白头。

【处方】何首乌100g,黑芝麻100g。

【用法】红糖(10 g)加水煮熟,分3次吃完,连吃半月,头发逐渐变黑。

第十四节 脱发

头发异常或过度脱落谓之病理性脱发。

第一方

【主治】头发暴脱,成年男女,肝肾大虚,精血大亏,兼感风寒,湿之邪,导致毛发失养,头发暴脱。

【处方】大黑豆120～240粒,熟地瓜15g,山萸肉12g,当归15g,白芍10g,枸杞子10g,菊花10g,何首乌10g,川芎10g,炙草10g,羌活6g,菟丝子6g,木瓜6g,天麻6g。

【用法】以上中药共14味,先置入砂锅内,然后倒入开水,以水淹过药1寸高为度。武火熬10分钟,文火再熬25分钟。熬煎时,不时用竹筷翻搅,中途水少时,可酌情加适量开水。共熬35分钟左右后清出药水(约100mL)温服。1剂药可煎3次,煎1次,服1次。每日2次,早晚饭后1小时服用为宜,中午不服药。

附注:感冒及肠胃炎等新病时忌服;服药期间应清心寡欲,禁忌房事。

第二方

【主治】脱发。

【处方】赤芍6g,川芎6g,桃仁6g,红花9g,老葱根9g,生姜6g,红枣7枚,当归9g。

【用法】水煎服。

第十五节　斑秃

斑秃俗称"鬼剃头",是一种骤然发生的局限性斑片状的脱发性毛发病。其病变处头皮正常,无炎症及自觉症状。本病病程缓慢,可自行缓解和复发。

第一方

【主治】斑秃。

【处方】首乌9g,茯苓9g,当归9g,山萸肉9g,川芎9g,女贞子9g,木瓜9g,麦冬9g,白鲜皮9g,黄芪9g。

【用法】水煎服,每日2次。

第二方

【主治】斑秃。

【处方】鲜生姜片。

【用法】外涂患处,每日3次。

第三方

【主治】斑秃。

【处方】雷丸适量。

【用法】研细,水调涂患处。

第四方

【主治】肝肾亏损,阴血不足,斑秃数块甚至成全秃或普秃。兼见头晕,目眩,腰膝酸软,性欲减退,阳痿,阴道干涩等。

【处方】熟地、山药、山萸、茯苓、枸杞、菟丝子、女贞子、旱莲草、桑葚子、黑芝麻、当归、首乌、黄芪、侧柏叶、補骨脂各等份。

【用法】以上中药配成散剂,每服9g,每日2次。或用蜂蜜配成丸药(丸重9g),每次1丸,每日2次。禁忌烟酒,刺激性食物。

第五方

【主治】心血不足,脾失健运,即心脾两虚的斑秃或脱发,兼有心悸、失眠、健忘,纳差、乏力、便溏等。

【处方】焦枣仁、远志、元肉、丹参、当归、茯神、黄芪、白术、首乌、黑芝麻、侧柏叶、夜交藤、甘草各等份。

【用法】水煎服或加大量配丸散服。上两方对症分服，若头皮兼痒加白蒺藜、天麻和羌活，若日久不愈或全秃者加桃仁、红花及赤芍。

第十六节　鱼刺卡喉

第一方

【主治】鱼刺卡喉。

【处方】陈醋50g。

【用法】慢慢饮服。

第十七节　误吞铁钉

第一方

【主治】小儿误吞铜铁。

【处方】羊头骨(烧灰存性)。

【用法】开水调服极效。

第二方　胡彩堂

【主治】小儿误吞铁钉。

【处方】新煤炭皮。

【用法】研为细末调于米汤内，令小儿饮下即可。

第十八节　增长身高

第一方

【主治】增长身高。

【处方】人参60g，薏仁60g，黑芝麻60g，山楂60g，何首乌60g，枸杞60g，海带30g，核桃仁60g。

【用法】以上中药混合研细，每服10g，每日2次，开水冲服。

第三篇 妇产科

第一章　月经病

凡月经的周期、经期、经量等发生改变，以及伴随月经周期出现明显不适症状的疾病，称为“月经病”，是妇科临床的多发病。

第一节　痛经

妇女在行经前后或正值行经期间，小腹及腰部疼痛难忍，常可伴面色苍白，头面泛汗淋漓，手足厥冷，恶心呕吐等症，并随着月经周期发作，称为“痛经”。

第一方

【主治】行经腹痛。

【处方】生地炭9g，当归4.5g，川芎3g，赤芍4.5g，五灵脂4.5g，红花4.5g，桃仁3g，台乌6g，制香附6g。

【用法】水煎服，每日1剂，分2次服。

附注：此方用于气滞血瘀之症。

第二方

【主治】痛经。

【处方】党参6g，焦白术6g，茯苓9g，熟地9g，当归4.5g，赤芍6g，陈皮3g，香附6g，佛手4.5g，甘草2.1g，煨姜1片引。

【用法】水煎服，每日1剂，分2次服。

附注：此方主要用于气血两虚之症。

第三方

【主治】痛经。痛经有经前腹痛和经后腹痛，随着周期发作。宜在经前3天服药，连服3个周期。

【痛经方】柴胡、白芍、枳实、丹参、香附、元胡、乳香、没药、五灵脂、甘草、琥珀(冲服)各等份。

加减：有热加焦栀，寒者加肉桂、小茴香，血瘀者加三七、茜草(生用能活血去淤，炒用能止血)，脾胃虚、纳差、便溏加白术、茯苓、砂仁。

【逆经方】当归、赤芍、川芎、丹皮、川牛膝、香附、木香、栀子、黄芩、白茅根、阿胶、焦芥穗各等份。

加减:若血虚加黄芪,大便秘者加大黄和生地。

第四方

【主治】痛经。

【处方】棉花子适量。

【用法】将棉花子在新瓦上焙干研细末,服9g,即可止痛。

第五方

【主治】痛经。

【处方】当归10g,川穹9g,赤芍6g,桃仁4.5g,红花6g。

【用法】每日1剂,水煎分服。

第六方

【主治】痛经。

【处方】韭菜子适量,炒鸡蛋1个

【用法】食用。

第七方

【主治】经血止痛。

【处方】莲壳(烧灰)。

【用法】研细,每服6g,每日2次,用黄酒服下。

第二节　闭经

女子年逾18岁,月经尚未来潮,或曾来因病而又中断,达3个月以上者,称为“闭经”。

第一方

【主治】闭经(适用于一般闭经)。

【处方】鸡血藤9～15g。

【用法】1剂水煎,每日3次,7天为1疗程。

第二方

【主治】闭经。

【处方】艾叶10g,益母草12g。

【用法】水煎,加红糖适量,每日2次。

第三方

【主治】闭经。

【处方】蚕沙20g(炒黄)。

【用法】水煎，加黄酒20g，连服5天。

第四方

【主治】闭经。

【处方】益母草30g。

【用法】水煎，加黄酒（适量），服数天即愈。

第五方

【主治】血瘀闭经。

【处方】益母草30g。

【用法】水煎，加红糖及黄酒适量，睡前温服，连服10天为1疗程。

第六方

【主治】气郁闭经。

【处方】香附100g。

【用法】去毛研细为末，每次饭后服6g，10天为1疗程。

第七方

【主治】月经不来。

【处方】石花9g。

【用法】水煎服，每日2次，连服3天有效。

第八方

【主治】经闭下胎丸。

【处方】大枣肉60g，益母草7.5g，熟地15g，巴豆20个。

【用法】去皮共捣为丸，每丸重12g。用消毒纱布包好纳入阴道1丸，3日一换有效。

第九方

【主治】干血痨。

【处方】白鸽子1只，去肠掺入顶好之血竭（病一年者用30g，二年者用60g，以此类推）。

【用法】煎汤服之。

第三节 月经不调

凡是月经的周期或经量出现异常者，称为“月经不调”。

第一方

【主治】月经过期，量少腹痛，月经色淡带黑水。

【处方】当归50g，肉桂9g。

【用法】水煎，每日2次，早晚饭前服。

第二方

【主治】月经不调，腹胀痛，血量少而不孕者。

【处方】当归12g，川芎6g，吴萸6g，熟地9g，白芍9g，茯苓9g，丹皮6g，元胡6g，陈皮6g，生姜3片。

【用法】水煎温服，每日2次。月经第一天起服至月经停止。不孕者下次再服。

第三方

【主治】经血前期，血色不正，发寒发热，身疼，腰腹胀痛。

【处方】制香附6g，茯苓9g，生地炭9g，当归4.5g，焦芍4.5g，老川芎1.5g，芥穗3g，白术6g，川朴6g，焦栀4.5g，川羌活4.5g，陈皮3g，甘草1.5g。

【用法】水煎温服。

第四方

【主治】经血后期，血色不正，身痛，腰腹胀痛。

【处方】煨熟地9g，当归6g，川芎2.1g，酒芍6g，白术6g，大党参9g，茯苓6g，香附6g，焦芥6g，柴胡3g，大寸冬6g，川朴6g，炙草2.1g。

【用法】水煎温服。

第五方

【主治】妇女月经不调，身体虚弱不孕。

【处方】党参60g，白术60g，茯苓60g，炙甘草60g，当归60g，川芎60g，白薇60g，丹皮60g，白芷60g，藁本60g，肉桂60g，元胡60g，没药60g，赤石脂60g。

【用法】将以上中药醋泡3日，炒黄研细，加蜜为丸，每服10g(1丸)，每日2次，开水冲服。

第六方

【主治】月经过多。

【处方】生地9g，当归6g，焦芍6g，川芎2.1g，阿胶珠6g，牡蛎6g，黄芩6g，焦芥穗4.5g，伏龙肝6g。

【用法】水煎服。

第七方

【主治】经水先期。

【处方】生地9g，当归4.5g，焦赤芍6g，川芎2.1g，黄芩4.5g，黄连2.1g，香附4.5g，茯苓9g，焦白术6g，焦艾4.5g，甘草2.1g。

【用法】水煎服，每日1剂，分2次服。

附注：此方主治血热内蕴而致者。

第八方

【主治】月经不调。

【处方】柴胡4.5g，香附4.5g，贝壳4.5g，陈皮4.5g，川芎3g，甘草2.1g，煨生地9g，当归4.5g，焦白术6g，佛手4.5g，焦姜1片。

【用法】水煎服，每日1剂，每日2次。

第九方

【主治】月经不调。

【处方】黄芪9g，焦白术6g，当归4.5g，杭白芍6g，熟地9g，茯苓9g，五味子4.5g，黄芩4.5g，焦芥4.5g，木香2.1g，甘草2.1g，元肉6g。

【用法】水煎服，每日1剂，分2次服。

第十方

【主治】经水后期。

【处方】熟地9g，当归4.5g，川芎3g，焦白芍6g，丹参6g，台乌6g，焦艾3g，吴萸2.1g，香附4.5g，炮姜2.1g，茯苓9g，鹿角霜9g，甘草2.1g。

【用法】水煎服，每日1剂，分2次服。

附注：此方主治由血室虚寒引起者。

第十一方

【主治】月经不调。

【处方】广台乌6g，香附6g，元胡4.5g，红花4.5g，陈皮4.5g，茯苓6g，吴萸2.1g，当归6g，白芍4.5g，僵蚕9g，甘草2.1g，焦姜1片引。

加减：如怕冷加桂枝2.1g，腰痛加焦杜仲6g。

【用法】水煎服，每日1剂，分2次服。

附注：此方主治由生冷寒滞引起者。

第十二方

【主治】月经过多，头昏，心悸，气短。

【处方】百草霜(烧柴草的锅煤)。

【用法】研细，每服9g，每日2次，开水冲服。

附注：卧床休息，勿吃生冷、辣子。

第十三方

【主治】月经来，肚子凝滞疼痛，过后有白带。

【处方】艾叶15g(酒炒焦)。

【用法】水煎服，也能治胎动见血。

附注：勿过早性交。

第十四方

【主治】月经来发冷发热，日久不干净，头晕头痛，鼻塞。

【处方】荆芥穗15g。

【用法】水煎服，也能治血热上行（月经性鼻血〈倒经〉）。

附注：勿食生冷。

第十五方

【主治】经前、经后腹胀痛，肚子有肿块、未满不贪食。

【处方】香附20g。

【用法】醋就晒干，连晒连泡共5次。研成细末，每日早晚各服9g，常服有效。

第十六方

【主治】月经不调。

【处方】月季花10朵。

【用法】水煎服，加红糖适量，连服半月即愈。

第四节　崩漏

妇女不在行经期间，阴道大量出血，淋漓不断者，称为“崩漏”，亦称“崩中漏下”。一般以来势急，出血量多称“崩”，出血量少或淋漓不净的为“漏”。

第一方

【主治】崩漏。

【处方】黑芥穗30g，黑蒲黄9g，酒炒生地21g，党参15g，当归15g，丹参12g，寸冬12g，炙草30g，大枣4个。

【用法】水煎早晚服。

第二方

【主治】崩漏。

【处方】炙芪12g，归身12g，杭芍9g，生地9g，五味9g，黑芥穗12g，棕炭12g，神曲12g，云皮6g，甘草9g，升麻3g，大枣4个。

【用法】水煎早晚服甚好。

第三方

【主治】产后大出血。

【处方】焦芥穗30g。

【用法】水煎服。

第四方

【主治】血崩。

【处方】焦贯众15g。

【用法】水煎服。

第五方

【主治】妇女血崩不止。

【处方】黄芪21g,山药21g,苡米21g,当归12g,胶珠12g,莲蓬炭12g,棕炭灰9g,白芍6g,焦芥4.5g,姜炭4.5g。

【用法】水煎温服。

第六方

【主治】妇女血崩,衄血,便血。

【处方】当归、胶珠、泽兰、蒲黄各等份。

【用法】蜜丸如桐子大,每服9g。

第七方

【主治】崩漏,功能性子宫出血。

【处方】黄芪20g,当归10g,白芍10g,阿胶10g,三七6g(冲服),黄连6g,焦芥穗9g,桑叶7g,甘草5g。

加减:若出血量多者冲服云南白药,配合西医治疗;若崩漏日久加升麻、乌梅;若淋漓不断加党参、炒蒲黄、仙鹤草;若心脾两虚兼服归脾丸;若肾虚加六味地黄丸或八味丸;若瘀血内停,出血淋漓不断加桃仁、莪术、益母草等。

【用法】水煎服,每日2次。

第八方

【主治】年老血崩。

【处方】生黄芪15g,当归9g,焦白术6g,熟地9g,山药9g,寸冬6g,五味子4.5g,冬桑叶6g,甘草2.1g,三七末3g(另包)。

【用法】水煎服,1剂分2次服,1日服完,三七末研细,分2次冲服。

第九方

【主治】妇女功能性子宫出血。

【处方】生黄芪60g,当归20g,三七12g,蒲黄9g,桑叶30g,阿胶15g,粗艾叶9g,牡蛎15g,龙骨15g,白糖参20g,升麻9g,白芍20g。

【用法】以上中药共研为细末,每服9g,早晚各服1次。

第十方

【主治】功能性子宫出血。

【处方】吴萸9g,当归9g,川芎9g,白芍9g,人参9g桂枝9g,阿胶珠9g,生姜6g,丹皮6g,甘草6g,半夏6g,麦冬20g。

【用法】水煎服,每日2次。

第二章　带下病

带下病是指妇女阴道内流出的一种黏稠液体，如涕如唾，绵绵不断，通常称为“白带”。

第一方

【主治】妇女白带淋漓不止。

【处方】西瓜秧根子120g，豆腐120g。

【用法】水煎服。

第二方

【主治】体弱白带多者。

【处方】鹿角霜15g，云苓15g，白术9g，白芷12g，牡蛎12g，山药30g，生龙骨9g，石脂9g。

【用法】以上中药共研为细末醋糊为丸，大米汤送下。

第三方

【主治】妇女白带腰酸腿困，精神无力。

【处方】大党参15g，茜草6g，海螵蛸9g，焦白术9g。

【用法】水煎温服。

第四方

【主治】妇女白带增多。

【处方】白果10个。

【用法】水煎服。

第五方

【主治】赤白带。

【处方】生地9g，胆草2.1g，栀子4.5g，黄芩4.5g，炒车前6g(包煎)，泽泻4.5g，当归4.5g，焦白术6g，柴胡4.5g，台乌4.5g，甘草2.1g，银杏肉6g。

加减：如气短，可加黄芪9g。

【用法】水煎服，每日1剂，分2次服。

第六方

【主治】黄带。

【处方】炒山药9g，芡实9g，车前子6g(包煎)，白术9g，黄柏6g，焦苍术6g，焦芥3g，胆草2.1g，甘草2.1g。

【用法】水煎服，每日1剂，分2次服。

第七方

【主治】妇女白带。

【处方】党参9g，白术6g，茯苓9g，泽泻4.5g，山药9g，车前子6g（包煎），黄柏3g，焦芥3g，甘草2.1g，银杏叶9g。

【用法】水煎服，每日1剂，分2次服。

第八方

【主治】妇人白带多，阴下湿痒。

【处方】蛇床子30g，百部30g，黄柏30g。

【用法】将以上中药混装入布袋，加开水煮煎，用干净盆及净布晚上在阴部托洗，连续洗有效。

第九方

【主治】妇人年久不孕，腰酸腹痛，白带多。

【处方】川花椒适量。

【用法】早晚各服20粒，去核研细，开水送服，百日有效（如无川椒，土产花椒亦可）。

第三章　妊娠病

妊娠期间，发生与妊娠有关的疾病，称为“妊娠病”，亦称“胎前病”。妊娠病不但影响孕妇的健康，还可妨碍胎儿的正常发育，甚至造成堕胎、小产，因此必须注意孕前的预防和发病后的调治。

第一节　恶阻

妊娠早期出现恶心呕吐，头晕厌食，甚或食入即吐，称为“恶阻”，又称“妊娠呕吐”。

第一方

【主治】妊娠恶阻。

【处方】姜半夏2.1g，陈皮3g，茯苓6g，藿香3g，砂仁2.1g，木香1.5g，焦艾1.5g，甘草2.1g，竹茹2.1g，生姜1片。

加减：如腹痛加焦白术4.5g、黄芩3g。

【用法】水煎服，每日1剂，分2次服。

第二方

【主治】妊娠呕吐。

【处方】大米不拘多少（炒黄）。

【用法】水煎徐服。

第三方

【主治】妊娠呕吐。

【处方】苹果1个，纸烟1根。

【用法】将苹果剜一口、将烟对住苹果口吸。

第四方

【主治】妊娠恶阻。

【处方】党参、半夏、藿香、陈皮、苏梗各9g，砂仁、竹茹、炙草各3g，生姜9g。

【用法】水煎早晚服。

第二节 妊娠肿胀

妊娠后,肢体面目发生肿胀者,称“妊娠肿胀”。

第一方

【主治】妊娠肿胀。

【处方】焦白术9g,桑皮6g,茯苓皮9g,大腹皮6g,陈皮4.5g,姜皮3g,苏梗4.5g,木香2.1g,甘草1.5g。

【用法】水煎服,每日1剂,分2次服。

第二方

【主治】水肿。

【处方】白术土炒9g,茯苓6g,陈皮6g,桑皮6g,腹皮4.5g,防己4.5g,姜皮4.5g。

【用法】水煎服。

第三节 习惯性流产

凡堕胎、小产连续发生3次或以上者,称为“习惯性流产”或“滑胎”。

第一方

【主治】习惯性流产。

【处方】猪肚子(洗净)1个,党参60g,莲子肉30g,扁豆30g。

【用法】以上中药装入肚子内蒸熟吃完为度。

第二方

【主治】习惯性流产。

【处方】酒当归9g,生黄芪6g,羌活3g,炒枳壳6g,老姜6g,醋艾叶6g,川芎6g,生草6g,酒芍6g,川贝母(去心)6g(研细冲服),厚朴(姜汁炒)6g。

【用法】水煎服,将贝母粉冲服。

第四节 胎动下血

胎动下血是指孕妇有腰酸腹痛、胎动不安,兼见阴道流血。症状加重,流血量多,可致流产。

第一方

【主治】胎动下血,偏于腹胀者。

【处方】焦白术6g,黄芩4.5g,归身4.5g,甘草2.1g,苏梗3g,腹皮4.5g,砂仁2.1g,

陈皮3g,竹茹1.5g。

【用法】水煎服,每日1剂,分2次服。

第二方

【主治】胎动下血。

【处方】生地9g,归身4.5g,杭白芍6g,阿胶9g,焦艾4.5g,黄芩4.5g,焦白术6g,焦芥3g,甘草2.1g,棕炭6g引。

【用法】水煎服,每日1剂,分2次服。

第五节　子痫

子痫指孕妇妊娠晚期或临产时或新产后,眩晕头痛,突然昏不知人,两目上视,手足抽搐,全身强直,少顷即醒,醒后复发,甚至昏迷不醒的疾病,又称“妊娠痫症”。

第一方

【主治】妊娠痫症。

【处方】钩藤9g,当归4.5g,茯苓9g,桑寄生9g,沙参6g,寸冬6g,阿胶6g,干地黄9g,牡蛎9g,龙齿9g。

加减:如痰多加竹茹3g,川贝母6g,防风6g;症重加羚羊角1.5g(如无羚羊角,可用钩藤1.5g、石决明9g代之)。

【用法】水煎服,每日1剂,分2次服。

第四章 产后疾病

产妇分娩后至产褥期内发生与分娩或产褥有关的疾病,称为“产后病”。

第一节 产后感冒

第一方

【主治】产后感冒。

【处方】红花、益母草、地骨皮、黑芥穗、茜草根、茵陈各9g。

【用法】黄酒500g分2次煎服特效。

第二方

【主治】产后发热,发冷,身痛燥渴者。

【处方】葛根20g。

【用法】水煎服,每日2次食后服。

第二节 产后血晕

产妇分娩后,突然头晕眼花,不能起坐或泛恶欲吐,甚则昏厥不省人事,称为“产后血晕”。

第一方

【主治】产后晕血。

【处方】当归9g,川芎4.5g,芥穗9g,泽兰4.5g,党参6g,益母草4.5g,炙草3g。

【用法】水煎服。

第三节 产后恶露不止

产后急性恶露持续2周以上,仍淋漓不断者,称为“恶露不止”。

第一方

【主治】产后恶露不止。

【处方】贯众适量。

【用法】炒黄研细,每次服6g,每日2次食前服。

第四节　产后腹痛

产妇分娩后，小腹疼痛者，称为“产后腹痛”。其中因瘀血引起者，又称“儿枕痛”。

第一方

【主治】产后腹中枕块疼痛不止。

【处方】山楂30g，红糖30g（炒焦）。

【用法】水煎服，每日2次。外用炒盐(布袋装入)暖小腹部。

附注：勿食生冷食物。

第二方

【主治】产后腹痛。

【处方】当归4.5g，川芎3g，焦姜2.1g，桃仁6g，红花4.5g，焦芥2.1g，甘草2.1g。

加减：若儿枕痛可加焦山楂6g，腹痛加香附6g，瘀血少加丹参6g，气虚加党参6g。

【用法】水煎服，每日1剂，分2次服。

第五章　乳房疾病

发生在乳房部位的疾病称为“乳房疾病”。

第一节　乳中结核

乳中结核又称“乳核”，指乳腺小叶内纤维组织和腺上皮的良性肿瘤。属现代医学的乳腺纤维瘤。好发于20～25岁青年妇女，乳中结核，形如丸卵，边界清楚，表面完滑，推之活动。

第一方

【主治】妇女乳中块状结核，乳房结核初起不痛不痒，一般多为圆形块状物，如核桃状，位置固定。也有条索状，日渐增生，形状不规则。

【处方】白芍12g(酒炒)，当归9g(用须)，橘叶核9g(无叶用核)，夏枯草9g，山栀9g(炒焦)，青皮6g，广郁金9g，丝瓜络9g，瓦楞子9g(盐水炒)，全瓜13g(酒炒)，竹茹6g(姜汁炒)。

【加强方】山慈茹30g，研末待用。

【用法】主方水煎服，每日2次，连续服用。如年久病情顽固者，在服主方的同时服用加强方，将山慈茹研细，黄酒冲下，每日2次，每次0.3g。因山慈茹有小毒，应注意用量。

第二方

【主治】乳腺增生。

【处方】枳壳9g，黄芩9g，丹参9g，白芍9g，法半夏6g，泽泻6g，首乌9g，元参9g，银花9g，三棱9g，胆草9g，柴胡9g。

【用法】水煎服，每日2次。

第二节　乳痈

乳痈是由热毒入侵乳房而引起的急性化脓性疾病。相当于现代医学的化脓性乳腺炎。常发生于产后1个月以内的哺乳妇女，尤以初产妇多见。

第一方

【主治】乳痈。

【处方】鲜瓜蒌1个，蒲公英30g。

【用法】水煎温服。

第二方

【主治】乳痈未成能消，已成能溃。

【处方】虾螟1个。

【用法】倒吊死，去头新瓦上焙干研末，加同量鸭蛋油调敷患处。

第三方

【主治】乳痈初起。

【处方】白芷、贝母各等份。

【用法】以上中药共研为末。每服6g，黄酒冲服。

第四方

【主治】产后乳肿不散者（急性乳腺炎）。

【处方】蛇床子30g，陈醋（食用醋）30g，全瓜蒌1个。

【用法】将蛇床子与醋混合，煎汤托洗乳房。全瓜蒌1个，水煎服，每日2次。

附注：勿吃生冷。

第五方

【主治】吹乳疼痛。

【处方】鹿角霜1.5g。

【用法】研为末水冲服。

第三节　下乳

在妇女哺乳期乳汁不下或乳少时须下乳。

第一方

【主治】下乳。

【处方】天灵盖1个。

【用法】放在砂锅内焙黄研细末，每服6g，黄酒送下早晚服。

第二方

【主治】产后乳少。

【处方】臧桃1个，黑芝麻30g，王不留行1.5g。

【用法】水煎服。

第三方

【主治】下奶奇法。

【处方】黑皂角籽7个。

【用法】研细，开水冲服，1小时奶自下。

第四方

【主治】产后乳汁不下或乳少。

【处方】藏桃30g。

【用法】温开水泡，将藏桃切成薄片，加醪糟1碗，连桃带醪糟一起食之。

第五方

【主治】产后乳汁缺少。

【处方】王不留行9g，全瓜蒌9g，鹿角霜12g，当归9g，山甲珠4.5g，路路通6g，川芎4.5g，通草4.5g，猪蹄1只，黄酒1盅。

【用法】以上中药另煎，1剂分2次服。猪蹄与黄酒同煮，食肉喝汤。

第六方

【主治】下乳。

【处方】川芎、杭芍、熟地、山甲、王不留行、木通各等份。

【用法】水煎服。

第四节　退乳

在妇女哺乳期结束停止哺乳时须退乳。

第一方

【主治】退乳。

【处方】麦芽100g。

【用法】水煎服，每日2次，连服3天。

第五节　乳岩

乳岩指乳房部的恶性肿瘤。相当于现代医学的乳腺癌。其特点是乳房肿块质地坚硬，凹凸不平，边界不清，推之不移，按之不痛，或乳头溢血，晚期溃烂，凸如泛莲或菜花。是女性最常见的恶性肿瘤之一。

第一方

【主治】乳腺癌。

【处方】乳香45g，没药45g，马前子（制）30g，山甲30g，蜗牛45g，生半夏30g，当归45g，川芎30g。

【用法】共研为细末，炼蜜成丸，如梧子大。每服15～20粒，开水送服。

附注：马前子炮制法，用香油将马前子炒黄或炸黄（勿焦）。

第二方

【主治】乳腺癌。

【处方】炒半夏9g，盐元胡9g，露蜂房9g，百花蛇草4.5g，半边莲4.5g，白茅根30g。

【用法】水煎服。

第六章　妇科杂病

第一节　避孕

避孕指采取措施阻止精子与卵子相遇，使女子暂时不能受孕的方法。

第一方

【主治】避孕。

【处方】芸苔子12g，生地9g，当归9g，白芍3g，川芎15g。

【用法】水煎早晚服。每月月经干净起每日1剂，连服3日，至第二三月仍照上服有效。

第二节　复孕

复孕指促使妇女再一次的怀孕。

第一方

【主治】复孕。

【处方】熟附片9g，熟地9g，山药9g，泽泻9g，油桂9g，丹皮9g，山萸9g，茯苓9g。

【用法】水煎服。每月月经干净起每日1剂，连服3日，至第二三月照上服，能再生小宝宝。

第三节　不孕症

女子婚后有正常性生活一年以上，未避孕而不受孕者，或曾孕育过，未避孕又一年以上未再受孕者，称为“不孕症”。

第一方

【主治】不孕症，妇人气血俱虚，经血不调，赤白带下，腰酸疼痛，食欲不佳，消瘦不孕。

【处方】党参4.5g，白术6g，茯苓6g，白芍6g，川芎3g，甘草3g，当归9g，熟地12g，菟丝子12g，杜仲6g，鹿角霜6g，川椒1.5g。

【用法】共研为细末，炼蜜丸如桐子大，每服30丸，淡盐汤送服。

第二方

【主治】月经正常不孕者。

【处方】续断9g,党参9g,杜仲9g,当归9g,香附6g,川芎6g,益母草9g,砂仁3g,橘红6g,红花3g。

【用法】水煎温服,每日2次。

第三方

【主治】月经正常不孕者。

【处方】丹参(中药)适量。

【用法】水煎服。

第四方

【主治】不孕症。

【处方】细辛、制川乌、云香(白胶香)、生军、蔻仁、枳壳、生草各等份。

【用法】以上中药晒干研细,蜜水为丸,如绿豆大。每日早晚空心开水送服3g,男女双方同服,月经期暂停,待月经净后再服。

第四节　阴痒

妇人外阴及阴道瘙痒,甚则痒痛难忍,坐卧不宁,或伴带下增多者,称为"阴痒"。

第一方

【主治】妇女阴痒。

【处方】苦参15g,黄柏9g,蛇床子15g,川椒3g,土茯苓15g。

【用法】水煎,灌洗阴部。

第二方

【主治】妇人阴道发痒。

【处方】蛇床子30g,白矾6g。

【用法】煎汤外洗。

第五节　搐麻

妇女由于阴血亏虚,血不养筋而导致的肢体麻木,甚则轻微搐搦谓之"搐麻"。

第一方

【主治】妇人搐麻。

【处方】黑木耳9g,当归6g,川芎3g,川牛膝4.5g,乳香4.5g,上元桂1.5g,丁香

1.5g,木瓜9g,没药4.5g,生草3g,黄酒引。

【用法】水煎服。

第二方

【主治】搐麻。

【处方】天麻、附子、明雄、朱砂、南星、半夏、川乌、草乌各等份。

【用法】煎汤,每日3次。

第六节 盆腔炎

女性盆腔生殖器及其周围的结缔组织、盆腔腹膜发生的炎症称为“盆腔炎”。

第一方

【主治】盆腔炎。

【处方】当归9g,茯苓9g,银花9g,连翘9g,川续断6g,杜仲6g,公英9g,生地9g,牛膝9g,制乳香6g,制没药6g,元胡6g,丹参9g,赤芍9g,生草6g,益母草12g。

【用法】水煎服,每日2次。

第七节 卵巢囊肿

卵巢囊肿属于卵巢肿瘤的一种,各种年龄均可发病,但以20～50岁的妇女多见。

第一方

【主治】卵巢囊肿,小腹肿物,推之可移,痛无定处。多为气滞不行,水湿不化。

【处方】黄芪20g,当归10g,白芍10g,桃仁10g,三棱10g,莪术10g,川续断15g,淫羊藿13g,菟丝子10g,香附10g,夏枯草15g,昆布20g,海藻10g,王不留行12g,穿山甲3.5g,猪苓10g,白术7g,茯苓13g,泽泻10g,桂枝7g。

【用法】以上中药取3倍量,为细末,每服8g,每日2次或炼蜜为丸服。服3个月后复查。

附注:此方主要用于治疗卵巢囊肿。

第八节 子宫脱垂

子宫从正常位置沿阴道下降,宫颈外口达坐骨棘水平以下,甚至子宫全部脱出于阴道口以外,称为“子宫脱垂”。

第一方

【主治】子宫脱垂,适应于气虚下陷的轻度脱垂。

【处方】炙黄芪9g,党参9g,焦白术6g,当归身6g,炙升麻2.1g,柴胡2.1g,甘草3g,生姜1片、大枣2枚引。

【用法】水煎服,每日1剂,分2次服。

第二方

【主治】子宫脱垂,用于气血两虚的中度脱垂症。

【处方】党参9g,焦白术9g,茯苓9g,甘草2.1g,熟地9g,当归6g,黄芪9g,五味4.5g,柴胡2.1g。

【用法】水煎服,每日1剂,分2次服。

第三方

【主治】子宫脱垂,阴挺肿痛之症。

【处方】当归30g,黄芩30g,白芍21g,刺猬皮15g,牡蛎21g。

【用法】共为细末,每服6g,温酒米汤调服。

附注:并可用蛇床子30g,乌梅15g煎汤熏洗患处。

第四方

【主治】妇人血虚,子宫脱垂。

【处方】五倍子30g。

【用法】煎汤趁温熏托阴部。内服补中益气丸1丸,每日2次,开水冲服。

第五方

【主治】子宫脱垂。

【处方】金樱子15g。

【用法】水煎服。

第六方

【主治】子宫脱出。

【处方】炮乌头1.2g,白芨1.2g。

【用法】共研为细末,用丝棉裹之纳入阴中,少腹感觉有热气取出即效。

第四篇 儿 科

第一章　小儿常见病证

第一节　口疮

口疮乃小儿较常见的口腔疾患，以口腔黏膜、舌及齿龈等处，发生淡黄色或白色大小不等的小疮或溃疡为特征。

第一方

【主治】小儿胎毒口疮。

【处方】五倍子30g，白芷30g，黄丹15g，花椒15g，枯矾6g。

【用法】共研为细末，香油调和擦之即效。

第二方

【主治】小儿白口疮。

【处方】地龙1条，白糖9g。

【用法】将地龙用水洗净，同白糖放在一起，瞬时涂口中。

第三方

【主治】小儿口疮。

【处方】白术、云苓、僵虫、薄荷、白术各等份。

【用法】水煎服。

第四方

【主治】小儿消化不良及红白口疮。

【处方】鸡内金不拘多少。

【用法】用新瓦焙干研细末，擦口或同饮食同服，或涂乳头令小儿吃乳均可。

第五方

【主治】小儿口疮。

【处方】白色狼粪。

【用法】放在瓦上焙干研细末，将口洗净敷患处。

第六方

【主治】小儿口疮。

【处方】黄柏、硼砂、青黛、肉桂、冰片各等份。

【用法】研末敷患处有效。

第七方

【主治】小儿口疮。

【处方】黄柏30g，冰片3g，白矾3g。

【用法】共研细末，将口洗净敷药3次有效。

第八方

【主治】小儿溃疡性口炎

【处方】生地9g，玄参6g，连翘6g，黄连3g，青黛3g，寒水石6g，竹叶3g，甘草6g，藿香6g。

【用法】水煎服，每日1剂，分2次服。

第九方

【主治】红白口疮。

【处方】五倍子30g，朱砂6g。

【用法】研细末撒口内。

第十方

【主治】红白口疮，流口水多。

【处方】凤凰衣不拘多少。

【用法】将药用浆水泡好涂患处。

第十一方

【主治】红白口疮。

【处方】白僵蚕5枚，蜘蛛网少许。

【用法】将白僵蚕烧灰和蜘蛛网研细贴患处。

第十二方

【主治】小儿口疮。

【处方】黄连、元明粉各5g，黄柏、乌梅各10g。

【用法】将黄连、黄柏、乌梅水煎2次滤渣混合，元明粉入药汁内溶化备用。以以上中药漱口，每次含漱1分钟，每日10次左右。

第十三方

【主治】白口疮。

【处方】鸡蛋壳。

【用法】鸡蛋壳研细，烧灰撒口腔内，每日3次，2日即愈。

第十四方

【主治】咽痛口疮。

【处方】老青蛙10只（采用端阳节不见太阳的青蛙）。

【用法】将青蛙肠子取出装满大枣，在火上焙干共研细末，7.5g加水调匀敷患处有效。

第二节　泄泻

泄泻，以大便次数增多，便下稀薄，或如水样为特征。小儿脾胃薄弱，无论内伤乳食，感受外邪或脾胃虚寒等，均易引起泄泻。是两岁以下婴儿常见的一种消化道疾病。四季皆有发生，夏、秋两季发病较多。

第一方

【主治】小儿腹泻，呕吐，腹痛。

【处方】焦楂6g，炒盐3g。

【用法】水煎，徐徐饮之。

注意：切忌生冷、油腻食物。

第二方

【主治】小儿腹泻。

【处方】台乌6g，生竹茹3～6g。

【用法】水煎，徐徐服之。

第三方

【主治】小儿内伤，上吐下泻，手足冰冷。

【处方】生姜2片、大枣2个在火上煨黄，薄荷3g，红糖15g。

【用法】水煎服。

第四方

【主治】小儿腹泻（面黄肌瘦）。

【处方】大枣10个（5生5熟），使君仁10个。

【用法】共研为细末，每次6g，每日2次，开水冲服。

第五方

【主治】急性胃肠炎。

【处方】半夏3～6g，黄芩3～6g，干姜3～6g，黄连3～6g，甘草6g。

【用法】水煎服。

第六方

【主治】过敏性结肠炎。

【处方】鸡鸣汤：当归9g，黄芪9g，白术9g，山药9g，破故纸9g，黄连6g，吴萸6g，熟地6g，茯苓9g，枸杞9g，枳壳6g，乌梅6g，补骨脂6g，五味子6g，粟壳3g，黄柏9g，焦楂9g，诃子6g。

【用法】水煎服，每日2次。疗效极佳。

第三节　厌食

厌食是以较长期厌恶进食，食量减少为特征的一种小儿常见病症。

第一方

【主治】小儿厌食。

【处方】紫苏4.5g，川朴6g，炒苍术4.5g，陈皮4.5g，半夏5g，木瓜6g，生山楂9g，石斛6g，甘草1.5g。

【用法】水煎服，每日1剂。

第四节　疳证

疳证是指小儿脾胃虚损，通化失宜，吸收功能长期障碍，脏腑失养，气液干涸，形体羸瘦，饮食不濡肌肤，影响生长发育，病程较长的一种慢性疾病。临床以小儿不同程度的形体干枯羸瘦，气血不足，头发稀疏，精神疲惫，腹部胀大，青筋暴露，或者腹凹如舟，饮食异常为其特征。

第一方

【主治】久疳成虚。

【处方】党参15g，首乌9g，当归6g，陈皮4.5g，炙草3g。

【用法】水煎服。

第二方

【主治】疳积。

【处方】甘松6g，山柰6g。

【用法】共研为细末撒在脐部，用普通膏药贴住。

第三方

【主治】疳积。

【处方】生川乌、生南星、生半夏各等份。

【用法】以上中药共研为末，每用五厘填入脐内，以膏药贴住。(不可内服)

第四方

【主治】疳积。

【处方】苍耳子30g(炒干为末)。

【用法】每服9g，黑糖烧酒冲服，在发作前2小时服。

第五方

【主治】小儿面黄肌瘦，腹大青筋，不思饮食等症。

【处方】白芝麻30g,全蝎7个,明雄6g。

【用法】共研为细末,空心白汤冲服。

第六方

【主治】小儿疳积。

【处方】苍术4.5g,君子仁4.5g,雷矾4.5g。

【用法】先将前药用砂锅微炒研为细末,再用鸡肝1副(去胆不用)将前药与鸡肝捣拌一处,放磁杯内煎热,用新瓦焙干研细末作6次服,早晚各1次和入小米汤内饮下。(上开剂量是指3岁以上的小孩,2岁者作8次服)

第七方

【主治】小儿疳积,贫血萎黄。

【处方】大枣120g,皂矾少许。

【用法】先用开水浸大枣胀起擦干,劈开取核,将矾末撒在枣内,然后用面饼包个包子,在炭火上煨之,以面饼熟为度,取出枣拌为枣泥,成人每日食9g,小儿减半。

第八方

【主治】小儿疳积,腹胀,鼻沟发红,眼结膜充血,身体消瘦,不思食。

【处方】生地9g,当归2.1g,白芍4.5g,东楂9g,胡连2.1g,黄连2.1g,谷精草3g,甘草2.1g,蝉蜕4.5g。

【用法】水煎服2剂。

第九方

【主治】五种疳积,面色萎黄,身体消瘦,腹壁隆起,按之坚硬,发热倦怠,饥则不食,大便泄泻,挤眼咬指甲,掏鼻挖耳及头发焦枯。

【处方】鸡肝5个(砂锅焙干),苍术30g,雷丸30g,君子仁30g。

【用法】共研为细末,每早晚各服3g ,米汤送下。

第十方

【主治】小儿疳积,面黄肌廋。

【处方】苍术15g,雷丸6g,鸡内金6g。

【用法】共研为细末,每服3g,每日3次。

第十一方

【主治】小儿面黄肌廋、腹胀少食、眼发胀、白睛发红、医膜遮精怕光、流泪时痛、烦躁爱哭等症。

【处方】酒芩3g,枳壳1.5g,蝉蜕1.5g,薄荷1.5g,胆草1.5g,东楂3g,丹皮2.1g,连翘2.1g,杭菊1.5g,煅石明1.2g,甘草1.5g,竹叶少许。

【用法】水煎服。

第十二方

【主治】小儿面黄肌瘦,不思饮食。

【处方】杏仁。

【用法】用黄土炒过,去皮。不拘多少,食之有效。

第十三方

【主治】腹内有块,发烧。

【处方】蛤蟆2个,砂仁30g。

【用法】将蛤蟆内脏取出,每个装砂仁15g,焙干研细末,10岁小儿每服3g,早晚空心服之。

第十四方

【主治】小儿面黄肌瘦,不思饮食。

【处方】青蛙7个。

【用法】剥去皮和内肠煮熟食之,每次7个,连服7次有效。

第十五方

【主治】小儿消瘦,面黄,腹胀,食欲不振。

【处方】鸡内金30g,核桃仁60g,红糖60g,白糖参10g。

【用法】将以上中药焙干研细,加入红糖拌匀。1～2岁,每服1～2g,每日2次;3～5岁,每服3g,每日2次。早晚饭前开水冲服。

第十六方

【主治】小儿消化不良。

【处方】川厚朴3g,焦三仙各6g,陈皮3g,砂仁3g,鸡内金4g,木香3g,白术6g,胡连4g,扁豆4g,莱菔子4g,白糖参4g,茯苓4g。

【用法】水煎服,每日2次分服。

第十七方

【主治】小儿消化不良。

【处方】党参6～9g,白术6～9g,茯苓6～9g,甘草6～9g。

【用法】水煎服,每日2次。

附注:恶心加半夏,腹痛加香附,消化不良加炒三仙及鸡内金。

第十八方

【主治】小儿消化不良。

【处方】人参6g,白术6g,炮姜3g,炙甘草6g,肉豆蔻6g,砂仁3g,生姜3g,大枣5枚。

【用法】水煎,徐徐饮之或每日3次。

第十九方

【主治】小儿口水多，消化不良。

【处方】参苓白术散（中成药）3～6g，加薏苡仁3～6g（研细）。

【用法】以上中药混合，开水化服。

第五节　遗尿

遗尿亦称“尿床”，是指3周岁以上的小儿睡眠中小便自遗，醒后方觉的病症。

第一方

【主治】尿床。

【处方】鸡肠子4副。

【用法】用新瓦焙干研细，每次6g，开水冲服，每日2次。

第二方

【主治】遗尿。

【处方】熟地9g，山萸肉9g，黄芪6g，桑螵峭9g，覆盆子9g，益智仁6g。

【用法】水煎服，每日2次分服。

第三方

【主治】遗尿。

【处方】鸡内金30g，牡蛎30g。

【用法】以上中药共研为细末，每次3g，开水冲服。

第四方

【主治】小儿遗尿。

【处方】桑螵蛸9g，覆盆子9g，五味子4.5g。

【用法】水煎服。

第五方

【主治】小儿遗尿。

【处方】党参6g，白术5g，香附3g，桑蛸6g，甘草3g。

【用法】水煎服。

第六方

【主治】遗尿。

【处方】杭白矾、牡蛎各等份。

【用法】以上中药研为末，每服1.5g，开水送下，每日3次。

第六节　惊风

惊风又称“惊厥”或“抽风”，临床上以抽筋或伴神昏为特征。根据本病病变性质不同，其病来势有急有缓，故将惊风分为急惊风与慢惊风两大类。

第一方

【主治】小儿惊风。

【处方】全蚂蚱7个。

【用法】研细末每个为1包，作7次服即愈。

第二方

【主治】小儿急惊风。

【处方】大蜘蛛1只。

【用法】养于朱砂内10日蜘蛛成红色，将之研细末，开水冲服。

第三方

【主治】小儿肝胆有火、发烧烦躁、目赤、急惊、爱啼等症。

【处方】胆草2.4g，当归2.1g，川芎1.5g，羌活1.2g，防风1.2g，栀子1.2g，竹茹灯芯引。

【用法】水煎服。

第四方

【主治】高热谵语、头痛项强、手足抽搐、角弓反张、牙关紧闭、神志不清等症。

【处方】犀角3g，羚羊角2.1g，元参6g，酒芍4.5g，丹皮3g，焦栀子4.5g，酒芩4.5g，钩丁2.1g，全蝎1.2g，生草1.5g。

【用法】水煎服。（五六岁用量）

第五方

【主治】高热神昏，意识模糊，角弓反张。

【处方】菊花6g，石膏9g，首乌6g，怀膝6g，浙贝6g，地龙6g，僵虫4.5g，钩丁4.5g，天麻3g，蜈蚣2条，茯神3g，菖蒲4.5g，全蝎3g，羚羊角3g，连翘4.5g。

【用法】水煎服，每日3次。

第六方

【主治】小儿惊风。

【处方】老鼠肾1个。

【用法】鲜者研末，干者水煎服之。

第七方

【主治】小儿惊风。

【处方】白头蚯蚓2条(用刀切断跳急者治急惊,跳慢者治慢惊)。

【用法】将蚯蚓放碗内,放白糖化成水即可用之。

第八方

【主治】慢惊风。

【处方】全蝎3个,僵虫2条,薄荷1.5g,灯芯引。

【用法】水煎服,每日数次。

第七节 脐风

脐风又名“新生儿破伤风”,是由破伤风厌氧芽孢梭状杆菌由脐部侵入引起的一种急性感染性疾病。以牙关紧闭,阵发性抽搐,角弓反张为特征。多系分娩断脐时处理不当,细菌由脐部创口侵入而得病。又有“四六风”“七日风”“撮口”“禁风”之称。

第一方

【主治】脐风初起。

【处方】将未生毛的小老鼠。

【用法】用新瓦烧干后研细末,开水调灌即可。

第二方

【主治】小儿四六风。

【处方】乌鸡1只。

【用法】将乌鸡腹部剖开贴在小儿肚脐上。

第三方

【主治】小儿四六风。

【处方】老鼠腰子1对。

【用法】将鼠腰用新瓦焙干后研细末,分3次服,白开水送下,早晚服。

第四方

【主治】小儿脐风,腹胀,吐口水。

【处方】白芷、木香各等份(适量)。

【用法】水煎,徐徐饮之。

附注:外用油捻子扇肚脐(用白纸卷1个棒,用清油浸泡,在肚脐上放三四层纸,将油捻子点燃,在肚脐上隔纸扇打)。

第二章　小儿传染病

第一节　麻疹

麻疹是一种急性发疹性传染病。临床以发热3～4天后，皮肤出现色红如麻粒大小的疹子为特征。本病主要发生于儿童，四季均可发病，但以冬、春两季较多，传染性很强。

第一方

【主治】麻疹前驱期。

【处方】元参3g，川贝3g，桔梗2.1g，连翘3g，荆芥2.1g，蝉衣2.1g，粉葛3g，杭白芍3g，甘草1.5g，西河柳2.1g。

【用法】水煎服，每日1剂，分2次服。

第二方

【主治】麻疹，发疹期。

【处方】元参4.5g，川贝3g，连翘3g，蝉衣2.1g，粉葛3g，银花3g，薄荷1.5g，桔梗3g，甘草1.5g，苇茎2.1g引。

【用法】水煎服，每日1剂，分2次服。

第三方

【主治】麻疹恢复期。

【处方】元参4.5g，寸冬3g，连翘3g，桔梗3g，杭白芍3g，麦芽4.5g，甘草1.5g。

【用法】水煎服，每日1剂，分2次服。

第四方

【主治】预防麻疹。

【处方】鲜鸡蛋。

【用法】鸡蛋1个放在尿里泡1周取出煮熟，1周内服完。

第五方

【主治】麻疹将出或正出。

【处方】葛根6g，三川柳4.5g，桑叶6g，僵蚕3g，蝉蜕3g，赤芍4.5g，川贝2.4g。

加减：高热挟紫斑加犀角1.5g，腹泻清水加炮姜0.9g，小便不利加赤苓，胃滞加槟榔，便秘加川军。

【用法】水煎，分4次服。

第六方

【主治】麻疹合并肺炎。

【处方】麻黄3g，生石膏2.4g，杏仁6g，生草4.5g，天竺黄3g，银胡4.5g，粉葛6g。

【用法】水煎服，连服2～3剂。

第七方

【主治】麻疹合并肺炎兼神昏。

【处方】犀角1.5g，钩藤9g，云神9g，天麻3g，天竺黄3g，胆南星3g，马兜铃3g，炒白芥子3g，僵蚕3g，蝉蜕2.1g。

【用法】水煎服，连服1～3剂。

第八方

【主治】疹后咳嗽，余热不退。

【处方】淡竹叶4.5g，生石膏1.5g，党参1.5g，生草2.4g，寸冬4.5g，清半夏2.4g，桑皮6g，大米4.5g。

【用法】水煎服。

第二节　流行性腮腺炎

流行性腮腺炎又名“痄腮”，是由腮腺炎病毒引起的一种急性传染病。临床以发热、耳下腮部肿胀疼痛为主要特征。本病全年均可发生，但以冬、春多见，散发为主，也可引起流行。

第一方

【主治】流行性腮腺炎，宜在初发期服用。

【处方】元参4.5g，浙贝6g，连翘3g，禹花4.5g，黄芩4.5g，牛子4.5g，桔梗4.5g，兰根4.5g，僵蚕2.1g，蝉衣2.1g，柴胡3g，薄荷2.1g，杭白芍4.5g，甘草2.1g，蒲公英6g引。

【用法】水煎服，每日1剂，分2次服。

第二方

【主治】流行性腮腺炎，此方宜在肤色不红灼时使用。

【处方】生地6g，当归2.1g，柴胡3g，胆草2.1g，栀子4.5g，黄芩4.5g，兰根4.5 g，浙贝6g，连翘3g，没药3g，夏枯草6g，甘草2.1g。

【用法】水煎服，每日1剂，分2次服。

第三方

【主治】流行性腮腺炎。

【处方】青黛粉6g。

【用法】用食醋调成糊状，涂敷患处，每日3次。

第四方

【主治】流行性腮腺炎。

【处方】银花12g，连翘6g，蒲公英4.5g，芥穗4.5g，花粉4.5g，知母4.5g，贝母4.5g，薄荷4.5g，赤芍4.5g，桑叶4.5g，桔梗3g，生草2.4g，丹皮3g，灯芯为引。

【用法】水煎服。

第五方

【主治】流行性腮腺炎。

【处方】元参6g，荆芥6g，防风6g，僵蚕3g，浙贝母6g，连翘6g，牛子6g，丹皮3g，花粉6g，板蓝根6g，粉甘草6g，南薄荷3g。

【用法】水煎服，每日2次。

第六方

【主治】腮腺发炎，肿胀疼痛，发热头痛，嚼咀不便。

【处方】板蓝根9g，蒲公英6g，银花6g，甘草6g。

【用法】水煎，饭后温服。

第三节　百日咳

百日咳又名“顿咳”，是小儿常见的一种急性呼吸道传染病。由百日咳嗜血杆菌引起，四季均可发生，但冬、春季尤多，以5岁以下小儿多见。

第一方

【主治】小儿百日咳。

【处方】麻茸2.1g，杏仁4.5g，生石膏9g，化红4.5g，瓜蒌9g，桔梗4.5g，半夏4.5g，茯苓4.5g，莱菔子2.1g，白前4.5g，兜玲2.1g，生草2.1g。

【用法】水煎温服。

第二方

【主治】百日咳。

【处方】川贝母4.5g，寸冬4.5g，知母4.5g，薄荷2.1g，冬花6g，桔梗3g，马兜铃4.5g，元参6g，百部6g，竹叶少许。

【用法】水煎温服。

第三方

【主治】百日咳。

【处方】生白矾30g(为末)。

【用法】醋调敷足心。

第四方

【主治】百日咳。

【处方】百部250g，水适量。

【用法】水煎，1～3岁每服5mL，6岁以上每服12mL。

第五方

【主治】百日咳。

【处方】广玉金3g，马兜铃4.5g，百部3g，川贝6g，杏仁4.5g，茅根6g，生草2.1g，细辛0.9g，肺胃有热加石膏9g。

【用法】此方为2岁儿童剂量，用时酌情加减，水煎温服。

第六方

【主治】百日咳。

【处方】辽参4.5g，川贝3g，桔梗3g，生草2.4g，炙麻黄2.1g，射干2.4g，姜半夏1.5g，细辛1.2g，炙百部3g，炙杏仁4.5g，生姜、大枣引。

加减：消化不良加谷芽或建曲，鼻出血者加毛根、黑栀子、地萸、侧柏等。

【用法】水煎早晚服之。

第七方

【主治】百日咳。

【处方】百部草250mL，水适量。

【用法】水煎至500mL，1～3岁每服5mL，3～6岁每次服10mL，6～12岁每次服15mL。每日3次。

第八方

【主治】小儿百日咳，经久不愈。

【处方】鸡苦胆1个，绿豆(开水泡)适量。

【用法】用绿豆水将鸡苦胆化开。1～2岁，分3次口服。

第九方

【主治】小儿咳嗽、痰鸣气粗，服药无效者。

【处方】麻黄60g，熟蜜300g，开水600mL。

【用法】以上中药共泡7日，取出麻黄，每次1小匙，开水冲服，每日3次。(老人、男、女均可)。

第四节　小儿麻痹

脊髓灰质炎又名“小儿麻痹症”，是由脊髓灰质炎病毒引起的一种急性传染病。临床表现主要有发热、咽痛和肢体疼痛，部分病人可发生弛缓性麻痹。

第一方

【主治】小儿麻痹。

【处方】升麻6g，人参6g，生姜6g，白芷6g，蔓荆子6g，桂枝6g。

【用法】水煎，徐徐服之。

第五节　黑热病

黑热病又称“内脏利什曼病”，是杜氏利什曼原虫（黑热病原虫）所引起的慢性地方性传染病。过去流行于长江以北地区。传染源是患者和病犬（癞皮狗），通过白蛉传播。临床表现有不规则发热、腹痛腹泻、肝脾及淋巴结肿大、贫血、营养不良等。

第一方

【主治】小儿黑热病。

【处方】炙鳖甲60g，东楂30g，使君15g，黑矾15g。

【用法】共研为细末，早晚用开水服6g。

第二方

【主治】黑热病以及肝脾肿大等。

【处方】柴胡9g，牡蛎15g，鳖甲9g，当归9g，青皮9g，酒芍9g，阿胶9g，皂矾9g，大枣10枚。

【用法】以上中药共研为细末，每早晚各服9g。

第六节　蛲虫病

蛲虫病是小儿常见的一种肠道寄生虫病，临床以夜间肛门奇痒为特征。

第一方

【主治】白线虫（蛲虫）。百药无效者。

【处方】煤油少许，清油（食用植物油）少许。

【用法】将煤油及清油混合，用纱布浸泡，晚间涂肛门数次，或栓塞肛门，7日绝迹而安然入睡。

第二方

【主治】蛲虫病。

【处方】槐米100g。

【用法】炒黄研为末，加白面（食用小麦面粉）250g，烙饼12个，每日2次，每次吃

2个，吃完即愈。

第三方

【主治】蛲虫病。

【处方】芜荑30g。

【用法】研极细末加凡士林100g搅拌和匀，收贮于玻璃瓶内备用。每晚临睡时，将膏药如爪甲大1块涂于2个消毒棉球上，用食指(手需洗净，或带消毒橡皮手套)把药棉缓慢塞入肛门内(位于括约肌皱襞处)，以起到杀灭蛲虫的作用。

第四方

【主治】蛲虫。

【处方】明雄、白矾各等份，蜂蜜。

【用法】明雄、白矾共研细末和炼蜜做成条，塞入肛门内即可。

第五方

【主治】蛲虫。

【处方】干粉条不拘多少用油煎。

【用法】随时食之。

第七节　绦虫病

绦虫病是由各种绦虫成虫或幼虫寄生于人体所引起的寄生虫病。临床以腹痛、泄泻、饮食异常、乏力、大便排出绦虫节片为特征。

第一方

【主治】绦虫。

【处方】槟榔30g，石榴根皮9g。

【用法】水煎服。

第三章　其他病证

第一节　重舌

重舌，又名“子舌”“重舌风”“莲花舌”，症见舌下血脉肿胀，状似舌下又生小舌，或红或紫，或状如莲花，饮食难下，言语不清，口流清涎，日久溃腐。本病多见于现代医学之舌下脉炎、舌下间隙感染等。

第一方

【主治】小儿发重舌。

【处方】醋。

【用法】用青布一块蘸醋擦之即愈。

第二方

【主治】小儿重舌。

【处方】大青盐和芝麻油同化。

【用法】用消毒棉蘸擦患处有效。

第三方

【主治】重舌。

【处方】月石、朱砂各等份。

【用法】研末敷患处甚效。

第四方

【主治】木舌重舌。

【处方】生地9g，丹皮4.5g，木通3g，黄连1.5g，犀角4.5g，竹叶6g。

【用法】水煎服。

第二节　五软

五软症，是指头项、口、手、足、肌肉痿软无力而言。俗称“软骨病”。

第一方

【主治】小儿发育不良，骨质软化。

【处方】冬瓜不拘多少。

【用法】水煎常服之。

第三节　夜啼

小儿白天如常，入夜则啼哭，或每夜定时啼哭者称“夜啼”。

第一方

【主治】夜啼。

【处方】蝉衣3g，红灯芯（朱砂拌灯芯）3g。

【用法】水煎，徐徐服之。

第二方

【主治】小儿夜间无故啼哭。

【处方】五倍子（炒研末）。

【用法】以唾津调和涂脐上。

第四节　小儿胎毒

婴儿在胎妊期间禀受母体热毒，出生后发生湿疹、疮疖、痘疹等，统称为“小儿胎毒”。

第一方

【主治】小儿胎毒。

【处方】红霉素软膏（西药成药适量），雄黄（中药）适量（约10g）。

【用法】将以上中药混合拌匀，外涂患处效果佳。

第五节　开聪明妙方

第一方

【主治】聪明妙方。

【处方】荷花梗200g，何首乌200g。

【用法】以上中药晒干共研为细末，每次3～6g，开水或当茶饮，久服则聪明。

第四章　新生儿疾病

第一节　新生儿黄疸

新生儿黄疸即新生儿全身皮肤、黏膜及巩膜出现黄色的症候，多与胎孕因素有关，故又称“胎粪”或“胎疸”。

第一方

【主治】小儿初生黄疸。

【处方】生大黄、熟大黄各3g。

【用法】水煎，加红糖少许，徐徐饮之。

第二方

【主治】小儿黄疸。

【处方】生地、茵陈、花粉各等份。

【用法】水煎服甚效。

第三方

【主治】初生儿黄疸症。

【处方】生地、茵陈、花菊各等份。

【用法】水煎服。

第二节　新生儿无尿

正常新生儿出生后36小时内排尿，但超过36小时尚未排尿。若口服糖水或静脉注射5%葡萄糖液，经处理后有尿排出，可能是肾脏泌尿较晚。如仍无尿即为新生儿无尿症。常见于先天性尿路畸形及先天性肾缺如。

第一方

【主治】新生儿无尿症。

【处方】细生地4g，木通4g，炒麦芽4g，生草4g，灯芯、竹叶引。

【用法】水煎，徐徐服之。

第五篇

五官科

第一章　口腔疾病

第一节　口腔溃疡

口腔溃疡泛指口腔黏膜的一切破溃。

第一方

【主治】口腔溃疡。

【处方】柴胡9g，黄芩9g，生地9g，木通9g，竹叶9g，生草稍9g，栀子6g，连翘9g，生石膏10g，薄荷6g，麦冬9g，党参9g，银花9g。

【用法】水煎服，每日2次。

第二方

【主治】口腔溃疡（口糜）反复发作。

【处方】石膏，生地，地榆，蒲黄，细辛，升麻，川牛膝，麦冬，甘草。

加减：若纳差、便黄者，还可酌加砂仁和黄柏。

【用法】水煎服，每日2次。

第二节　口臭

口臭就是人口中散发出来的难闻的气味，多由胃火亢盛或消化不良引起。

第一方

【主治】口中气臭方。

【处方】明矾、麝香少许。

【用法】研为末擦牙上。

第二方

【主治】口臭。

【处方】黄连10g，黄芩10g，生地10g，丹皮15g，升麻10g，生石膏20g，赤芍15g。

【用法】水煎服，每日2次，连服7剂可愈。

第三节　牙痛

牙痛是指外邪侵袭或脏腑失和所致的以牙齿疼痛为主要特征的病症。

第一方

【主治】一般牙痛。

【处方】细辛、良姜、荜拨、白芷各等份。

【用法】以上中药研末吹口内。

第二方

【主治】牙痛不止。

【处方】蟾苏少许。

【用法】将药填入牙缝立止。

第三方

【主治】风火虫牙痛。

【处方】佛骨草1撮(遍地皆有,夏季最多,花心象佛)。

【用法】煎水漱口即可。

第四方

【主治】风火牙痛。

【处方】茶叶9g,花椒9g,桃叶7片。

【用法】水煎服,每日数次。

第五方

【主治】风火牙痛。

【处方】火硝、青盐、白矾、硼砂各等份。

【用法】以上中药共研细末擦于局部。

第六方

【主治】神经性牙痛。

【处方】细辛3g,闹羊花1.5g。

【用法】以上中药水煎浓汁,冷后备用痛时棉花蘸药汁擦痛处。

第七方

【主治】蝺齿痛。

【处方】生蟾酥1.5g,生地3g,木香少许。

【用法】以上中药共捣为块,将药咬在痛处。

第八方

【主治】齿槽脓疡。

【处方】川椒4.5g,钢青6g,硼砂3g。

【用法】共研为细末,米泔水漱口后擦患处。

第九方

【主治】男女风火牙痛。

【处方】生地9g,知母4.5g,细辛2.1g,生石膏9g,黄连2.4g,炙蜂房3g。

【用法】水煎服。

第十方

【主治】牙痛。

【处方】生地、甘草、丹皮、青皮、荆芥、防风各6g。左上牙痛,属胆经,加胆草和川芎;左下牙痛,属肝经,加柴胡和山栀;右上牙痛,属大肠经,加枳壳和川军;右下牙痛,属肺经,加黄芩和桔梗;下门牙痛,属肾经,加黄芩和知母;上两血齿痛,属胃经,加粉葛和白芷;下两血齿痛,属脾经,加升麻和白芷。

【用法】水煎服。

第十一方

【主治】牙痛。

【处方】石膏30g,防风9g,芥穗9g,青皮9g,生地15g,丹皮9g,甘草6g,薄荷9g。

【用法】水煎饭后服。如面肿风热加地骨皮9g、五加皮6g,如满口腔痛重用石膏,孕妇忌用大黄。俱用灯芯为引。

第十二方

【主治】牙痛。

【处方】冰片,酒精。

【用法】混合滴入耳内立止。

第十三方

【主治】牙痛。

【处方】冰片、火硝、硼砂、食盐各等份。

【用法】研细末敷患处即止。

第十四方

【主治】牙痛。

【处方】大蒜。

【用法】捣为泥,用棉花裹住塞入牙缝内有效。

第十五方

【主治】牙痛。

【处方】麸皮、大葱、鸡蛋清、白酒各等份。

【用法】将以上中药共捣拌在一起贴痛处有效。

第十六方

【主治】牙痛。

【处方】艾叶、樟脑各1.5g。

【用法】艾叶包樟脑烧灰涂患处立止。

第十七方

【主治】牙痛。

【处方】龙胆草30g,麻黄2.1g。

【用法】先将龙胆草放入烧酒内泡1昼夜,然后晒干同麻黄研细末敷患处。

第十八方

【主治】虫牙痛。

【处方】韭菜子30g。

【用法】清油适量拌匀放在小盆内,用纸将盆盖住,扎一小孔,通一竹筒,先将盆内油和韭菜子点着,使竹筒对着患齿熏痛牙有效。

第十九方

【主治】拔牙。

【处方】活鱼1条,朴硝适量。

【用法】用朴硝将鱼肚装满挂在外边,侯霜出将霜扫下服在坏牙根很快就掉。

第二十方

【主治】牙痛。

【处方】升麻10g,苦参10g,生草10g。

【用法】水煎服。

第二十一方

【主治】风火牙痛。

【处方】白杨树根二层皮适量。

【用法】用开水煎药20分钟,用煎液漱口,每日3次。

第二十二方

【主治】风火牙痛。

【处方】竹叶6g,绿豆50g。

【用法】以上中药放入罐内加水适量,炖荷包蛋数个,一次吃炖鸡蛋数个,可以治愈。

第二十三方

【主治】牙痛。

【处方】新鲜鸡蛋数个。

【用法】将鸡蛋打烂倒入碗中,再加白酒10～20mL,使鸡蛋汁与白酒和匀,开水冲服,服3日可愈。

第二章　咽喉疾病

第一方

【主治】一切喉疾及咽肿痛。

【处方】白僵蚕9g。

【用法】煎服或炒后成末吹喉亦可。

第二方

【主治】声音嘶哑。

【处方】玄参9g，银花9g，麦冬9g。

【用法】水煎服，每日2次。

第三方

【主治】语声不出方(因感冒引起或不明原因的嗓子嘶哑，语声不出症)。

【处方】菖蒲9g，诃子9g，元参6g，大海6g，青果9g。

【用法】水煎服，连服2～3剂。

第四方

【主治】嗓子痛。

【处方】冬花9g，蜂蜜15g，竹叶9g，猪油9g。

【用法】水煎服。

第五方

【主治】喉痛。

【处方】木炭煅红，用开水冲过加白糖引。

【用法】喝冲过之水，每日3次有效。

第六方

【主治】热病后声音嘶哑，喉痛。

【处方】藏青果5枚，蝉蜕4.5g，桔梗6g，胖大海6g。

【用法】开水浸泡代茶饮。

第七方

【主治】喑哑不出。

【处方】白矾6g(煅研)，白蜂蜜90g。

【用法】和匀为膏，每次6g，开水送下。

第八方

【主治】声音嘶哑或失音,多数患者兼有咽喉疼痛、声带充血、水肿等。

【处方】柴胡、黄芩、桑叶、菊花、木蝴蝶各15g,牛蒡子、板蓝根、胖大海、生地、元参、丹参各20g,桔梗6g。

加减:伴胸闷咯痰者加瓜蒌、鱼腥草各20g;伴恶寒者加桂枝10g、赤芍15g;癔症性失音减桑叶、菊花、板蓝根,加白芍、茯苓、白术20g。

【用法】水煎服。

第九方

【主治】扁桃体炎。

【处方】燕子窝泥1撮,鸡蛋清适量。

【用法】将以上中药混合成糊状,涂两颈项部有效。

第十方

【主治】口苦,口干,咽痛。

【处方】麦冬、花粉各10g,胖大海9g。

【用法】水煎,当茶饮。

第三章　耳科疾病

第一方

【主治】诸虫入耳。

【处方】猫尿。

【用法】将之滴耳即出(取猫尿法,用生姜擦鼻即尿)。

第二方

【主治】诸虫入耳。

【处方】鲜半夏,麻油。

【用法】将之调涂耳内虫即出。

第三方

【主治】耳聋不愈者。

【处方】雄鸡苦胆汁。

【用法】将之点耳中1～2次即愈。

第四方

【主治】病后耳聋。

【处方】葱茎1寸,全蝎1只。

【用法】全蝎研末与葱茎捣化,用棉花裹塞耳内,每日1次。

第五方

【主治】耳聋。

【处方】蚯蚓1条。

【用法】用白糖化后滴耳。

第六方

【主治】耳聋。

【处方】蛇蜕1.5g,麝香0.15g。

【用法】用棉裹塞耳。

第七方

【主治】耳聋。

【处方】鼠胆1个,龙齿0.3g,梅片0.3g,元寸0.3g。

【用法】共研为细末吹入耳内。

第八方

【主治】耳聋年久。

【处方】甘遂、甘草各1.5g。

【用法】用极薄纸包裹分纳两耳即愈。

第九方

【主治】耳聋。

【处方】木鳖子少许。

【用法】煮取浓汁,用棉花渗透塞耳内。

第十方

【主治】慢性中耳炎,流脓且臭。

【处方】桑螵蛸1个,麝香少许。

【用法】桑螵蛸烧灰存性,置湿土处去其火毒,共研细末将耳内分泌物擦干,吹入耳内。

第十一方

【主治】慢性耳痛。

【处方】黄连1.2g,全蝎0.9g,梅片1.5g。

【用法】共研为细末吹入耳内。

第十二方

【主治】慢性中耳炎,耳内流脓不止。

【处方】海螵蛸3g,枯矾3g,木香3g,干胭脂1.5g。

【用法】共研为细末吹耳内。

第十三方

【主治】耵聍栓塞。

【处方】胡桃油6g,冰片0.9g。

【用法】调匀,每日滴耳内3～5滴,使其软化容易取出。

第十四方

【主治】小儿耳内流脓日久、不烧、不肿者。

【处方】蛇皮。

【用法】将蛇皮晚上用童便塞耳内,白天取出,数日有效。

附注:蛇皮塞耳时将童便捏干。

第四章　鼻科疾病

第一方

【主治】鼻窦炎。

【处方】青苔。

【用法】塞鼻3次即可。

第二方

【主治】鼻窦炎。

【处方】山甲9g,皂刺3g,归尾9g,甘草3g,二花1.5g,赤芍3g,乳香6g,防风4.5g,白芷9g,连翘12g,橘皮3g。

【用法】水煎服,每日3次。

第三方

【主治】鼻窦炎。

【处方】皮炎平软膏(1支)。

【用法】滴鼻疗效佳。

第四方

【主治】鼻窦炎。

【处方】白芷6g,川芎6g,蔓荆子6g,细辛5g,苍耳子9g,辛夷9g,藁本6g,桔梗6g,贝母6g,柴胡9g,黄芩9g,生地9g,薄荷5g,苏叶9g,丹参9g。

【用法】水煎服,每日2次。

第五方

【主治】鼻渊,鼻塞,头痛。

【处方】苍耳子4.5g,辛夷4.5g,白芷4.5g,薄荷4.5g,细茶叶1撮。

【用法】水煎饭后温服。

第六方

【主治】鼻息肉。

【处方】瑙砂1.5g,枯矾6g。

【用法】共研细末,每用少许点在痔上,每日3～5次。

第七方

【主治】酒糟鼻不愈。

【处方】蛤粉、煅石膏各15g,轻粉、黄柏、青黛各4.5g。

【用法】以上中药共研细末,用麻油熬膏调匀敷患处,每日早晚各1次。

第五章 眼科疾病

第一方

【主治】风火爆发，目赤肿痛。

【处方】鸡蛋1个（用蛋清），白矾1.5g。

【用法】混合一起，将白纸渗湿敷放在眼上，3～4小时肿即消。

第二方

【主治】雀目。

【处方】啄木鸟瞳仁7个。

【用法】焙干研细末，用白糖送下。

第三方

【主治】风火烂眼（睑缘炎）。

【处方】五倍子1个。

【用法】烧灰存性为末，生蜂蜜调敷眼边即愈。

第四方

【主治】夜盲症。

【处方】苜蓿根少许。

【用法】煎汤饭后服。

第五方

【主治】病后目中生翳及内障眼。

【处方】当归4.5g，酒芍9g，夜明砂9g，木贼6g，蝉蜕4.5g，蒺藜9g，鸡肝5副（或羊肝半寸）。

【用法】以上中药共研细末，每服3g，开水送下。

第六方

【主治】角膜软化症。

【处方】当归6g，白芍12g，枳壳9g，莱菔子9g，车前子12g，菊花12g，甘草6g，玉片9g。

【用法】水煎服。

第七方

【主治】睫毛倒生。

【处方】木鳖子1个。

【用法】去皮捣为细末，以棉花包裹塞于鼻孔，倒睫即外翻出。

第八方

【主治】火眼。

【处方】蒲公英120g。

【用法】以90g煎服，30g煎熏洗。每日2次，连用3天愈。

第九方

【主治】青光眼。

【处方】倒退虫。

【用法】生用，每次服10个（先洗去土），每日1次，连服3次。

第十方

【主治】见风流泪，眼发痒。

【处方】归尾6g，射干6g，夜明珠6g，云矾1.5g，枯矾3g，白菊花9g。

【用法】水煎先熏后洗，洗时将药过滤，头顶毛巾热气不会跑走。

第十一方

【主治】结膜炎。

【处方】黄连6g，人乳适量。

【用法】将黄连捣碎泡在乳汁内放笼内蒸透点眼。

第十二方

【主治】雀目眼。

【处方】羊肝1个，黄连15g。

【用法】研细末，放笼内蒸熟食之甚效。

第十三方

【主治】各种火眼。

【处方】吴茱萸30g。

【用法】研细末用醋调和，临睡前贴在两只手心包扎，次日起床后取下，连用3天。

第十四方

【主治】风火眼病。

【处方】荆芥4.5g，防风4.5g，连翘4.5g，黄连2.1g，夏枯草6g，密蒙花6g，白蒺藜6g，蔓荆子4.5g，赤芍4.5g，胆草2.1g，蝉衣3g，灯芯引。

【用法】水煎，每日1剂，分2次服。